EL MANUAL DE LA COMPRA
INTELIGENTE

Cómo llenar la nevera y no tus caderas

EL MANUAL DE LA COMPRA
INTELIGENTE

Cómo llenar la nevera y no tus caderas

PABLO OJEDA
SALOMÉ GARCÍA

Pinolia

© Editorial Pinolia, S. L.

© Textos: Pablo Ojeda y Salomé García, 2022

© Prólogo: Luis Alberto Zamora, 2022

Primera edición: abril de 2022

www.editorialpinolia.es
editorial@editorialpinolia.es

Diseño y maquetación: Irene Sanz Cerezo

Diseño Cubierta: Álvaro Fuster-Fabra. Estudia Design

Depósito Legal: M-6363-2022
ISBN: 978-84-18965-19-7

Impresión y Encuadernación: QP Quality Print Gestión y Producción Gráfica, S. L.

Printed in Spain. - Impreso en España

PRÓLOGO

Nadie se plantea ir a comprar muebles para su casa sin antes medir, ver, comparar y trazar un esquema de qué es lo que pretende conseguir en los diferentes espacios para que sea funcional, cómodo y, por qué no, acogedor y bonito. De la misma manera, cuando se trata de nuestra alimentación, tampoco deberíamos comenzar sin tener clara una hoja de ruta para conseguir que nuestro plato, cada día, sea lo más saludable posible.

Desde la planificación de las comidas, pasando por nuestra lista de la compra antes de plantarnos en el supermercado ante estantes y estantes repletos de alimentos que tratan de llamar nuestra atención con promesas de salud, hasta cuando, tras la compra, nos ponemos «manos a la obra» y empezamos a cocinar. Todo requiere tener conocimiento y las claves necesarias para hacerlo de la mejor manera y conseguir la tan deseada nutrición saludable.

Tienes entre tus manos un manual, un plan estratégico para que aprendamos a conseguir que cada una de las fases sean lo más adecuadas posibles. Algo que parece innecesario ya que vivimos en la era de la información. Nunca habíamos tenido esta facilidad de acceso a la información, en general, y de salud y nutrición en particular. Pero entre tanta información es fácil perderse y no saber separar el grano de la paja, acabar saturados de mensajes y sin saber muy bien qué es verdad y qué es un bulo. No solo tenemos la mayor cantidad de información disponible, también corremos el riesgo de acabar *infoxicados*.

Como no hay nada peor que pretender cuidar nuestra alimentación y que el resultado sea diametralmente opuesto, es fundamental entender qué necesita nuestro cuerpo, a través de qué alimentos lo podemos conseguir, cómo debemos consumirlos y no olvidar que la alimentación tiene que ser un placer. Para ello los autores han estructurado una serie de capítulos para que, paso a paso, podamos aprender de una forma fácil y, sobre todo, práctica. El siguiente paso es tan sencillo como voltear la página y comenzar a disfrutar.

Salud. Y buenos alimentos.

Luis Alberto Zamora

RAZONES PARA COMER

¿Te has parado a pensar por qué comes? El resorte del hambre es uno de los instintos que los humanos llevamos de serie al nacer. Cuando el bebé lleva apenas unos minutos fuera del vientre materno ya coge con avidez el pecho de su madre. Será su primer contacto con la comida, la desazón de tener la barriga vacía, las emociones que conlleva saciar el hambre y la tranquilidad de después. Si antes de lactar está nervioso o desvalido, acercarse al pecho de su madre, volver a escuchar esos latidos que le acompañaron durante nueve meses y sentir el calor de la piel junto a la suya, tiene un efecto calmante casi instantáneo. Al acabar, y con la panza llena, el cuerpo le pide dormir (y, normalmente, vaciar el intestino). Misión cumplida.

Nuestro primer contacto con la comida resume todo lo que en un futuro nos aportará el hecho de comer: energía para seguir con nuestra vida, el calor de un momento social y una sensación de bienestar. Porque comer es mucho más que quitarse el hambre. Es un momento social donde se cruzan muchas emociones placenteras. Solemos celebrar los grandes momentos de la vida (bodas, aniversarios…) con un banquete, invitamos a comer a aquellas personas que significan algo para nosotros y hasta hemos inventado las comidas de negocios, reuniones de índole profesional pero en un ambiente distendido y de proximidad.

Comer es algo consustancial al ser humano. Por eso, si algo falla en nuestra relación con la comida, nuestra vida suele tambalearse.

COMEMOS PARA NUTRIRNOS

Esto no necesita mucha explicación. El cuerpo humano viene a ser como un coche: o le echas gasolina, o no se mueve. Si le pones un combustible de buena calidad, el motor te durará más y visitarás menos el taller mecánico. Si circulas en reserva, lo mismo te quedas tirado. Y si tienes un coche diésel y le echas gasolina, prepárate para un susto y una avería costosa.

Nuestra gasolina es la comida. Al comer ingerimos todos los nutrientes que nuestro cuerpo necesita para llevar a cabo sus funciones metabólicas y el resto de actividades que queramos realizar. Para entendernos, las funciones metabólicas son todos esos procesos que el cuerpo hace de forma automática —sin que tengamos que pensar— y que le sirven para funcionar: respirar, hacer la digestión, fabricar hormonas, mantener el calor, conservar y renovar las células de los órganos… La energía (o sea, las calorías) que se consume para todo eso es lo que se conoce como metabolismo basal y en un adulto sano supone entre el cincuenta y el setenta por ciento de todo el gasto energético del día.

El resto de la energía la empleamos para realizar todo lo que nos marca nuestra agenda cada día (ir a trabajar, estudiar, asistir a una reunión de vecinos, la clase de *spinning*, celebrar un cumpleaños, montar un mueble de Ikea…). Por eso hablamos de nutrición y no de comer sin más, porque la dieta (entendida como un conjunto de comidas) asegura una serie de funciones vitales de la que dependen otras muchas. Y todo esto va a depender de las calorías (la gasolina) y los nutrientes que comamos (algo así, como el lubricante, el líquido de frenos, el del climatizador, el del limpiaparabrisas…). En los próximos capítulos veremos cuál es la función de cada uno de ellos. Por ahora, quédate con que necesitamos calorías y nutrientes. Esta regla vale tanto para atletas olímpicos, como para personas corrientes y molientes como tú y yo.

¿Cómo podemos hacer para que ese mecanismo funcione bien y nuestro cuerpo vaya como un bólido? Fácil: comer bien, variado y equilibrado. Sin pasarnos ni quedarnos cortos, entendiendo pasarnos por ponernos tres platos de fabada con copete y quedarnos cortos, probar solo media alubia. Como decía Aristóteles (y todas las madres, que en esto de la comida siempre son bastante cabales), en el término medio se encuentra la virtud. Cuando te toque comer, tómate tu plato y disfrútalo sin angustias. Y, por supuesto, nada de estar todo el día contando calorías, hidratos de carbono o vitamina C como si fuéramos azafatas de un concurso sumando puntos.

¿Es cierto eso de que hay personas que adelgazan sin moverse del sillón?
Dicho así suena a magia potagia, pero no es exactamente de esta manera. Ya hemos visto que el metabolismo basal es lo que el cuerpo gasta en términos de energía (calorías) para realizar sus funciones vitales y que sigamos vivos. Pues bien, ese consumo de calorías podemos ampliarlo con una actividad física que conlleve un cierto desgaste muscular (puede ser una clase de *crossfit*, una excursión de varios kilómetros por la montaña subiendo y bajando riscos, pintar la habitación o ayudar a realizar una mudanza).

Al terminar la actividad y derrengarnos en el sofá, el cuerpo lanza un mensaje de alarma a su brigada de reparación del tipo: «Hoy ha habido desgaste, hay que reparar urgentemente los músculos y fortalecer por si mañana viene una paliza similar». En este proceso posejercicio, mientras tú te limitas a empuñar el mando a distancia de la tele, tu cuerpo, aunque no lo creas, se pone manos a la obra para reabastecer el combustible almacenado, reparar las células y el tejido muscular dañado y reestablecer el equilibrio hormonal para que vuelva a su estado normal. ¡Casi *ná*, que diría mi madre!

Como te puedes imaginar todo eso necesita consumir energía. Este proceso se llama 'exceso de consumo de oxígeno posejercicio' (ECOP) y es lo que los entrenadores suelen mencionar como 'efecto *afterburn*', que los muy ladinos suelen añadir como: «Seguirás quemando calorías después de salir de clase». ¿Qué tiene que ver el oxígeno? Pues que para quemar esas calorías hace falta oxígeno, igual que tu coche para quemar gasolina necesita oxígeno (si no tiene suficiente 'aire', se ahoga y se acaba calando). ¿Y cómo se nota este consumo de oxígeno y la consiguiente quema de calorías extra? Es fácil: verás que, aunque estés en el sofá sin apenas parpadear, tu corazón late más deprisa que otros días.

Conclusión: sí, puedes quemar calorías sin moverte del sillón, pero siempre que antes hayas hecho ejercicio intenso. Ah, empuñar el mando a distancia para seleccionar algo en Netflix no cuenta como actividad física reseñable.

Cada alimento tiene una composición y aporta nutrientes diferentes: unos llevan más proteínas, otros destacan por sus vitaminas, otros van cargados de hidratos de carbono... En el siguiente capítulo, veremos en profundidad para qué sirve cada uno de esos elementos y en qué alimentos abundan más. Por ahora, quédate con la copla: hay que comer lo suficiente cada día y cuanto más variado, mejor.

COMEMOS POR GUSTO

La naturaleza es sabia y, para asegurarse de que comeremos con la frecuencia debida, se encarga de dotarnos de mecanismos que nos hagan grato el hecho de comer. De entrada, comer detiene la desagradable sensación de tener la barriga vacía. No hablemos ya de ese momento ignominioso de cuando 'te suenan las tripas' y todos los que te rodean se percatan de que tu cuerpo pide pitanza a gritos.

Los humanos comemos por hambre, pero también, por gusto. Todos nuestros sentidos se agudizan cuando estamos cerca de un alimento placentero para que comer sea un momento de disfrute. Imagina por un momento que te vendan los ojos, te tapan los oídos y te guían hasta una tahona de pueblo con pan recién hecho. El olfato va a encargarse de decirte dónde estás, puede incluso que hasta salives (de ahí lo de «se me hace la boca agua», porque, literalmente, se te llena de saliva). Las sensaciones olfativas, aunque no lo creamos, complementan a las del gusto. En un avión, la humedad relativa del aire no pasa del 25 %. Un auténtico secarral que hace que las fosas nasales se nos resequen. En ese estado, su capacidad para percibir los matices olfativos de la comida se reduce notablemente. Es una de las razones por las que la comida del avión, incluso volando en primera clase con menú *gourmet*, nos sepa a corchopán.

Por supuesto, la vista ayuda a desear un alimento. Piensa en unas manzanas brillantes o una paella. Desde el perejil de Arguiñano a las exquisitas presentaciones de *Masterchef*, el ser humano ha aprendido la importancia del emplatado, de presentar bonitos y apetecibles los alimentos. Lo de que comemos por los ojos es una verdad como un templo y mucho más en el caso de los niños. Prueba a formar un tren con tomates cherri, un sol con granos de maíz o un bosque con tallos de brócoli en el plato de un niño y verás cómo protesta menos con la verdura. Es más, te pedirá que lo hagas más a menudo. Pero los mayores tampoco nos libramos. ¿Cuántas veces hemos pedido algo en un restaurante señalando al camarero que nos traiga lo mismo que a la mesa de al lado, solo porque «tiene muy buena pinta»?

El oído también juega en el acto de comer. Concéntrate en el crujido de la lámina de chocolate de una tarta al partirse; el suave sonido de la cuchara al introducirse en una *mousse* o el borboteo de un batido cuando soplas por la pajita. Piensa en el chisporroteo de un huevo mientras se fríe en la sartén; el del queso rallado al gratinarse; las pipas de girasol al chascar la cáscara para abrirlas o las chuletas al ponerlas en la parrilla. La comida suena. Cuanto más nítido y agradable sea ese sonido, más ganas nos entrarán de comer.

El tacto no es solo lo que sentimos con las manos al acariciar algo. Los alimentos tienen distintas texturas (compara un *foie* con un guirlache, un algodón dulce o un *carpaccio)* y distintas temperaturas (piensa la de veces que nos decían nuestras madres aquello de «que se te va a quedar fría la cena»). Las notamos al partirlas con la mano (piensa en esa hogaza de pan crujiente y calentito), al cortarlas en el plato (¿qué prefieres un entrecot jugoso que se corta sin apretar o un filete lleno de ner-

EL MANUAL DE LA COMPRA INTELIGENTE

vios que ni con una radial) o al meternos un bocado en la boca (recuerda esa frase de «es que se deshace en la boca»).

Según nuestra cultura y personalidad nos van a agradar más unas texturas u otras. Hay quienes no pueden con las texturas blandengues, como el flan, las natillas o el aguacate. Otros que no soportan la comida dura. Los italianos reprochan a los españoles que siempre tomamos la pasta pasada. Ellos la toman *al dente* —con el corazón duro— y eso, para mi madre, es que el espagueti está duro. Y lo mismo con las temperaturas: hay quienes el café lo toman casi incandescente y otros que solo se llevan la taza a los labios si no pasa de templado. Y en verano, con hielo o granizado.

Nos queda el sentido más importante: el gusto, que hará que todas esas impresiones se multipliquen hasta el infinito. O que nos neguemos a comer ese alimento porque no nos gusta nada de nada. Como sucede con el resto de sentidos, el gusto es una apreciación subjetiva y personal. Y se puede educar. De niños nos gustan más los sabores facilones, como el dulce y el salado. A medida que nos hacemos mayores nos van llamando la atención los amargos (la cerveza, sin ir más lejos) o el picante. Y aquí, de nuevo, todo va en gustos: hay quienes no soportan ni media guindilla y paladares a prueba de fuego a los que les va la marcha y los platos picantes.

¿Quién aguanta más el picante?

Pongamos a cuatro personas alrededor de un plato de pimientos de Padrón, «que unos pican y otros, no». Cuando toque uno de los que pica, a alguno se le saltarán las lágrimas y pedirá desconsoladamente un trozo de pan para calmar el ardor en la lengua. Otro al que también le toque uno picante, estará tan tranquilo disfrutando de ese ardorcito en la lengua. Por cierto, ¿sabías por qué hay que tomar pan y no beber agua? La capsaicina, la sustancia que hace que los pimientos piquen de forma infernal, se neutraliza al masticar pan o beber leche entera. Sin embargo, el agua y las bebidas refrescantes, no arrastran esa sensación.

¿Sabías que hay concursos anuales para ver quién aguanta más el picante y que hay una escala para medir su nivel de intensidad? En 1912, al bueno de Wilbur Scoville se le ocurrió crear una tabla para ordenar la intensidad de los picantes. El método era bastante de andar por casa: había que probarlos y determinar cuánto picaba más uno que otro. Ahora ya hay aparatos que se encargan de hacerlo con muchísima más precisión y sin arrasar las papilas gustativas pero, a principios del siglo XX, estas aportaciones a la ciencia necesitaban de hombres y mujeres recios y de paladares de hormigón. Ni que decir tiene que el grado de picantes se mide en unidades de Scoville, que para eso fue el artífice de la idea.

En esa escala de Scoville los pimientos de Padrón son apenas unos aprendices de picantes. Los que sí pican andan entre 2 500 y 5 000 unidades de Scoville. Nada que ver con las 150 000 del chile habanero o las 2 200 000 del pimiento *Carolina Reaper*, considerada como la variedad más picante del mundo. ¡Imagina un pimiento 440 veces más picante que los de Padrón! Pues cada año hay humanos que compiten a ver quién aguanta más comiendo eso. Ya ves que hay gente *pa tó*.

Después de este paseo tan didáctico por los sentidos, ¿te acuerdas de Érase una vez la vida cuando las neuronas corrían con los mensajes al cerebro? Cada vez que estamos ante un alimento se repite la misma escena: el olfato transmite el aroma, la vista remite la imagen del plato… Todas esas informaciones se archivan en el cerebro. Si nos gusta, irán a la carpeta de «Mis comidas favoritas», esa donde siempre están las croquetas de mamá. Si no nos gusta, se guardará en la de «Comidas para no repetir nunca jamás». En tiempos de las cavernas era un mecanismo simple con el que la naturaleza se aseguraba que el humano no volvía a meterse en la boca algo que en su día no le había sentado bien. Así se evitaban intoxicaciones alimentarias, que en los tiempos previos a la sanidad moderna solían acaban en funeral. Por el contrario, si estaba en la carpeta de «Me gusta» se podía repetir con tranquilidad. En realidad, el instinto trabaja como las redes sociales: si te gusta, te apetece recomendarlo y le das al «Me gusta», que con la comida significa 'quiero volver a comerlo', 'prueba esto, que está riquísimo' o 'te voy a llevar a un sitio que conozco donde se come de maravilla'. Si no te ha gustado, lo bloqueas. Por eso cuando algo te da cólico, es fácil que cada vez que te lo pongan delante, te dé una arcada. El cuerpo identifica ese alimento como que ha dado problemas en el pasado y hace todo lo posible porque no se vuelva a repetir en el futuro.

La naturaleza nos programa para que la comida nos sea placentera. Luego vendrán los nutricionistas a decirnos que hay que comer de todo y que habrá cosas que te gusten más, y otras, menos. Por suerte los recetarios se las ingenian para que hasta aquellos alimentos que no nos terminan de gustar puedan pasar el control de los sentidos. Aquí entramos en el juego de las distintas formas de preparar los alimentos (puede que no te guste la textura blanda del aguacate, pero sí el guacamole), el uso de las especias (no es lo mismo una cazuela de gambas al ajillo sin más que con una guindilla o unas natillas con o sin canela) o las mezclas para que unos sabores se complementen o disimulen con otros (desde las espinacas a la crema a la pizza).

Jugar con los sentidos a la hora de comer es una forma de hacer que esa necesidad vital se convierta en un placer. Que no significa ponerte ciego cada vez que te sientas a la mesa. El filósofo griego Epicuro de Samos era un maestro en el arte de buscar el placer. Solía decir que la comida es una buena fuente de placer, siempre que se coma con mesura. Por el contrario, advertía que una comilona excesiva solo lograría lo opuesto al placer: un buen dolor de barriga. El documental *Super size me*, del cineasta Morgan Spurlock, demuestra las devastadoras consecuencias de que se nos vaya la mano con una comida placentera, pero poco recomendable para el día a día, como la de McDonald's.

COMER ES UN ACTO SOCIAL

Son las dos de la tarde. Se te cae el boli de la mano. Sacas el táper de la mochila y preguntas a los compañeros: «Me bajo al comedor, ¿os venís?». O les haces saber que vas tirando hacia el restaurante de la esquina con un: «Voy bajando y pillo mesa».

Comer es un momento social. Lo era en tiempos de las cavernas, cuando todo el clan se reunía ante el fuego para disfrutar del antílope a las brasas, y lo es ahora, cuando toda la cuadrilla se toma junta el bocata. O cuando sales del gimnasio y te vas con los compañeros de clase al bar de al lado para comentar lo mucho que se ha pasado hoy el entrenador de *spinning*. O cuando, en Navidad, nos reunimos con la familia y viejos amigos para ponernos al día y disfrutar juntos. La comida importa, por supuesto, pero la oportunidad de achuchar a abuelos, padres, hermanos y primos con motivo de una comida pesa más que la calidad del asado. El mismísimo Platón equiparaba la comida a la filosofía y era muy amigo de reunirse en torno a la mesa con sus discípulos de la Academia platónica para dar buena cuenta de unas viandas.

Sentarse a una mesa con más comensales tiene otro efecto beneficioso: nos liamos a hablar y acabamos comiendo más despacio. Y, por lo general, masticamos mejor y superamos sin problemas la decena o las dos decenas de golpes de muela que debe llevar cada bocado. ¿Te has dado cuenta de la cantidad de veces que masticas mientras esperas tu turno de palabra? Parecerá una tontería, pero la masticación es el primer paso de la digestión. Cuanto más trabajen los molares y más actúen las enzimas de la saliva, menos faena tendrá el estómago. Así nos ahorramos contratiempos como la hinchazón, la sensación de pesadez o los gases. Comer en grupo podríamos decir que ayuda a hacer la digestión.

Pero hay otra ventaja nada desdeñable: al empezar a masticar, la grelina —hormona que activa el apetito—manda al cerebro un mensaje anunciando que estamos comiendo. Entretanto, la hormona de la saciedad, la leptina, empieza a calentar en la banda, para entrar en el terreno de juego al cabo de veinte minutos. Es el tiempo medio que el cuerpo entiende que necesitamos para completar una comida. Si la charla es animada y el almuerzo se alarga, es probable que sientas que ya no te apetece seguir comiendo. Eso sucede porque ha pasado el tiempo suficiente para que la leptina envíe al cerebro la señal de saciedad. Cuando comemos solos, tendemos a acabar las viandas más rápido, masticamos menos y no da tiempo a que la leptina empiece a actuar. ¿Ya te imaginas lo que supone, verdad? Efectivamente: llevamos muchas papeletas para engullir, pasar una mala tarde con la barriga levantisca, y, encima, para acabar comiendo de más.

Otra cosa que hacemos al comer solos, para evitar esa sensación de soledad, es aprovechar para mirar el móvil o la tele. Esa tarea nos desvincula del placer de cada bocado, nos privamos de las endorfinas de ese salteado en su punto o de esa deliciosa tarta recién hecha. Y, sinceramente, no anda el mundo como para desperdiciar ocasiones de disfrute, ¿no te parece? Porque, al final, ni disfrutamos de la comida, ni desconectamos del todo. Esto lo vemos en el siguiente punto.

COMEMOS PARA DAR UNA PAUSA AL CEREBRO

Por lo general, vamos por la vida con el piloto automático. Entras en la oficina, te pones a trabajar y te olvidas de todo lo demás. O estás en casa ordenando armarios y pueden pasar varias horas y ni te das cuenta. El almuerzo, la merienda o la cena son esos momentos en los que cortocircuitamos la rutina. Ese parón permite al cerebro tomar un descanso, ponerse a hacer otra cosa y retomarlo más tarde con más perspectiva.

El rato de la comida tiene una importancia vital para reducir nuestros niveles de estrés. El estrés es un mecanismo del cuerpo que nos permite estar alerta ante un peligro inminente, como que ande un león merodeando por la cueva. Cuando el león se aleja, los niveles de estrés bajan. El problema es que, en la sociedad occidental, vivimos con estrés crónico y no hay leones a la vista. Mantener ese nivel de estrés a lo largo de la jornada no solo deteriora la salud a largo plazo, también reduce nuestra creatividad y nuestra capacidad lógica.

La pausa para comer tiene efectos balsámicos. Es fácil que después de comer vuelvas con la mente despejada y en una hora tranquila rindas más que en toda la mañana atascado.

HAY QUE COMER SIN CULPA

Como ves, comer es mucho más que llenar los depósitos de energía del cuerpo. Tiene una función de placer y un papel emocional que también contribuye a regular nuestro cuerpo. Por eso es tan importante tener una relación cordial con la comida, sin atracones, ni restricciones desmesuradas. Cuando esa relación falla, llegan los trastornos de la conducta alimentaria, como la bulimia, la anorexia, el trastorno por atracón o la ortorexia. No solo afectan a quien las padece de forma física, también lo aíslan de ese aporte social que tiene el acto de comer, multiplicando el efecto de soledad, la frustración y la sensación de culpa.

Además, tienden a enturbiar las relaciones con los que le rodean. A nadie le gusta quedar a comer con una persona que se tira todo el almuerzo contando calorías, agobiada por la de grasas que tienen esas patatas o que, directamente, no encuentra nada en la carta porque todo engorda o es poco saludable. Aprender a comer saludable, pero rico, y a disfrutar de la comida debe ser una prioridad en nuestra vida.

COMER ES UN NEGOCIO

En realidad, el título más acertado debería ser *Que tú comas es un negocio (para otros)*. Tal vez no te lo hayas planteado nunca así, pero hay todo un sistema de producción cuyo objetivo es satisfacer tu hambre. Podemos dividirlo en tres grupos:

Los que te dan de comer

Productores de alimentos frescos
Cultivan frutas y verduras frescas, legumbres y cereales, crían a los animales para carne, huevos o leche y pescan peces y mariscos. Es el famoso *real food*, la comida real, sin procesar ni tratar de forma industrial.

Industria alimentaria
Agentes que procesan, de una u otra manera, las materias primas para crear alimentos listos para comer o con una prepara-

ción previa que nosotros no podríamos asumir en casa a diario. Desde las judías verdes cocidas de bote a la lasaña ultracongelada, la lata de cerveza o las galletas del desayuno. Por mucho que últimamente se intente demonizar a este sector, en España las propuestas habituales son relativamente moderadas si las comparamos con lo que podemos ver en un supermercado en países como Inglaterra. Lo más loco que vamos a encontrar a este lado de los Pirineos es un preparado para paella ultracongelado, tortillas refrigeradas o lasañas listas para meter en el horno.

Si vas a Inglaterra, te invito a dar una vuelta por la cadena de supermercados Tesco. Vale también cualquier supermercado en España en zonas de veraneo o residencia de jubilados británicos (yo los vi en un supermercado de Rojales, en Alicante, llamado The Food Co. British Supermarket). Prepárate a encontrar en las baldas desde latas de pollo al curri a bolsas de patatas fritas con sabores a todo, menos a patata. Hay hasta latas de abrir y calentar con espagueti con salchichas en salsa de tomate o macarrones con queso, posiblemente las dos comidas más sencillas de preparar y pilar de la alimentación en cualquier piso de estudiantes.

Aquí no vamos a demonizar a nadie: hay propuestas de la industria muy saludables y otras que es mejor consumir solo de forma ocasional. Ante todo, sentido común. No pasa nada por abrirte una lata de esas de macarrones con queso, durante un día de lluvia en tu apartamento de Birmingham. Si es la base de tu comida cada día, tal vez, tengamos un problema que habrá que abordar con calma, afecto y sin culpabilizar.

Empresas de restauración
Restaurantes, bares, cafeterías y servicios de catering. En ocasiones los verás agrupados por sus siglas HORECA (hostelería, restauración y catering). Son todas esas empresas que directamente ya te lo dan hecho y emplatado. Al igual que en la industria aquí hay de todo, desde restaurantes que basan su filosofía en crear menús saludables para diario, con ensaladas variadas y platos templados a la plancha, a locales de comida rápida donde los ali-

mentos están sabrosos, son facilones y apetecibles, pero no pasan por ser un dechado de virtudes nutricionales.

Una vez más nos corresponde a nosotros decidir dónde comemos a diario o con más frecuencia, y a cuál vamos en ocasiones excepcionales para 'darnos un homenaje' o celebrar algo especial. Es decir, no se trata de censurar ninguna de las propuestas, sino de aplicar la frecuencia adecuada en cada caso. Imagina que tu hijo de ocho años acaba de ganar una competición de natación o el concurso de dibujo de su cole. O que quiere celebrar su cumpleaños con los amigos de clase. ¿Os iríais a un restaurante vegano de ensaladas o a una hamburguesería *fast food* con zona infantil para jugar? O tus padres celebran sus bodas de plata. ¿Vamos a reprobar que elijan ese asador que tanto les gusta? Las ocasiones excepcionales, a veces, nos piden elecciones excepcionales y debemos asumirlas sin ningún remordimiento. No tienes que sentirte culpable por haberte comido esa hamburguesa con doble de queso, beicon y un plato de patatas si fue en el transcurso de un almuerzo con gente a la que aprecias y en el que lo pasasteis muy bien. Más tarde volveremos sobre este punto, porque somos seres sociales y la comida puede unirnos o levantar muros entre nosotros. Y, por supuesto, nada de reprobar o echar una monserga a quien nos invita sobre lo poco saludable que es su elección. No querrás ser el cuñado plasta cuentacalorías de cada sarao familiar, ¿verdad?

Los que te provocan hambre
Seguro que el epígrafe te resulta chocante. ¿En serio que hay gente que se dedica a hacer que tengamos hambre? ¿Cómo es eso posible, nos roban la voluntad o algo? ¡Nada de eso! No se trata de alienígenas robacerebros que te disparan un láser para que te rujan las tripas y necesites desesperadamente hincar el diente a algo. Es un sistema bastante más sibilino, que se realiza a la plena luz del día y es más habitual de lo que crees. Hablamos de las máquinas de *vending* y los anuncios de comida a domicilio.

Máquinas de *vending*

¿Te has parado a pensar por qué suelen colocarlas en los vestíbulos de los aeropuertos o en las salas de espera de un hospital? Muy simple: porque se nutren de tu aburrimiento, de tu estrés y de que no puedes ir a otro sitio. Ponte en situación: has llegado al aeropuerto con dos horas de antelación, no sea que haya atasco en la carretera o que te pillen cuatro grupos de estudiantes en viaje de fin de curso delante en el control de pasajeros y llegues justo al embarque. Vas como una moto, facturas el equipaje, pasas el control de pasajeros súper rápido porque ese día todo va como la seda y, de pronto, te quedan cuarenta minutos ante la puerta de embarque. Después de probar todos los perfumes del *duty free*, te siguen quedando otros diez minutos de aburrimiento. Muy justo para sentarte a tomar un café en una cafetería. Bajas la guardia, relajas y ahí está la máquina de *vending* llena de patatas fritas, chocolatinas, sándwiches y latas de refresco. De pronto, no sabes por qué, pero te entra hambre. A veces entre las propuestas hay palitos de zanahoria o dados de manzana a precio de sangre de unicornio. Miras esas bolsitas de fruta que cuestan lo que un kilo entero en tu frutero habitual y, en la balda de arriba, ese pastelito industrial chocolateado con bolsa de colores. Ese mismo que en casa no entraría jamás porque sabes que nutricionalmente es un cero patatero, pero que aquí te mira con ojos golosones. Son las diez de la mañana. Piensas que has desayunado un café bebido y rapidito a las seis de la mañana, que te quedan muchas horas por delante y que en el avión no vas a comer nada porque es un vuelo corto y ya no dan aperitivo gratis. Encima se puede pagar con tarjeta y no hay cola. De pronto, te entra una mezcla entre gusanillo y gula, el cuerpo que hasta hace un rato iba medio dormido, ahora te exige chocolate, azúcar y grasa hidrogenada. Los señores del *vending* ya han logrado lo que creías que era imposible: que te entre hambre.

Anuncios de comida a domicilio

Las empresas de comida a domicilio no son una novedad, pero Internet ha hecho que nos seduzcan con más facilidad. Antes para tentarte, la pizzería, el restaurante chino o el del *sushi*, dejaban publicidad en el buzón y tú la guardabas colgada en la puerta de la nevera con un imán de Benidorm para esos días especiales en los que no se cocina. Ahora entras en tu red social favorita a media mañana y te salta un cupón de descuento de Glovo, Just Eat, Deliveroo o similar, si encargas el almuerzo antes de las 14:00. O un 2x1 para la cena.

Los gurús de la publicidad en Internet saben que los anuncios pueden dirigirse solo a su cliente potencial, descartando al resto, por ejemplo, a aquellos que por edad no entran en una determinada red social o que prefieren llevarse su tartera de casa. Al hacer que esos anuncios solo los vea una parte de los usuarios de Internet, van solo a sus potenciales clientes y ahorran costes en publicidad.

El director de una de estas empresas me confesaba que programan los anuncios para que se vean justo en ese momento en el que se acerca la hora de comer y los retiran pasada la hora del almuerzo. Nadie con la panza llena se plantea qué va a comer al día siguiente. En cambio, vuelven a brotar a última hora del día, justo cuando te planteas qué meter en el táper que te llevarás a la oficina. Entre dedicar cuarenta minutos a cocinarte un pollo a las finas hierbas con verduras o reservarte unos canelones recién hechos, ¿qué eliges? Más aún, si tienes cierta edad, puede que directamente esa publicidad no te aparezca en la pantalla (sí, Google, Facebook y otros operadores saben tu edad y tus gustos porque se los cuentas al inscribirte y al interactuar con otros). ¿Anda, y eso? Tienen hechos sus estudios de mercado y saben que, a partir de los treinta, empezamos a mirar más lo que comemos y lo que gastamos en comer. «Los de cuarenta años prefieren llevarse la comida de casa a la oficina —me contaba—. Los de veinte años, sin embargo, son un blanco fácil que no dudan en encargar un *poke*, hamburguesas, pollo asado o croquetas con tal de no cocinar. Solo hace falta programar el anuncio a una hora en la que sea fácil que te entre hambre o que consideres encargar comida y listo».

Los que te ayudan a cocinar

Están los robots de cocina multifunción a los que solo les falta dar los buenos días: utensilios de silicona con mil prestaciones; la *Cocotte* esa en un color ideal que sale en las cocinas de todas las series; los hornos autolimpiables que hacen que asar parezca tan sencillo que te dan ganas de dorar un pavo de Acción de Gracias cada semana; el set de cuchillos de la teletienda... La industria alrededor de la comida se las ingenia para crearnos la necesidad de cocinar más, mejor, más fácil y, sobre todo, más bonito.

Y no es que todo eso sean inútil, pero consume presupuesto y ocupa espacio. No está de más darle un par de vueltas antes de comprar para saber si van a mejorar la calidad de nuestro menú o si acabarán siendo un trasto más en la despensa.

¡PREPARADOS, QUE ARRANCAMOS!

Ya conocemos todas las razones que nos mueven a comer. En los próximos capítulos veremos qué función cumple cada alimento, aprenderemos a leer las etiquetas en el súper, a elegir bien los alimentos frescos y a guardarlos bien en casa para que se conserven lo mejor posible y nos duren más. Alimentarnos es una necesidad, pero comer es un placer. ¿Te apuntas?

TIPOS DE ALIMENTOS
SEGÚN SUS NUTRIENTES

Me encanta una frase de *El avaro* de Molière que dice «hay que comer para vivir, no vivir para comer». El protagonista de esa obra del genial dramaturgo francés se refería, claro está, a que no hay que gastar más de lo necesario en comida. Vamos, que era de la cofradía del puño cerrado, incluso para llenar la despensa. No hay que llegar a esos extremos, pero en algo sí tenemos que darle la razón; la función primordial de la alimentación, como vimos en el capítulo anterior, es satisfacer todas nuestras necesidades nutricionales, tanto de energía (las famosas calorías), como de nutrientes.

Macro y micronutrientes: ¿y esto qué es?

No todos los alimentos tienen la misma composición nutricional. Hay tres grupos principales de nutrientes que se conocen como macronutrientes: hidratos de carbono, proteínas y grasas. A su lado también existen otros más pequeños, los micronutrientes. Mientras los macronutrientes se indican en gramos por cada cien gramos de alimento, los micronutrientes apenas suponen un porcentaje muy pequeño, unas veces son miligramos y otras, microgramos.

Al contrario de lo que mucha gente piensa, prácticamente todos los alimentos poseen tanto proteínas, como hidratos de carbono y grasas. Que los clasifiquemos en uno u otro grupo responde solo a que tomamos como referencia el nutriente que

27

predomina. Por ejemplo, los cereales van en el grupo de los hidratos de carbono, aunque también tienen proteínas. Aunque no creas, la mitad de los frutos secos son grasas (el porcentaje varía entre un 30 y un 60 % según cada variedad), especialmente ácidos grasos mono y poliinsaturados; y entre un 10 y un 30 %, proteínas. Salvo la castaña, el aporte de hidratos de carbono de los frutos secos es muy bajo. Pero su valor nutricional es enorme, porque además de estos macronutrientes, nos proporcionan fibra alimentaria, minerales y vitaminas.

Los únicos alimentos —más bien materias primas— que solamente poseen un macronutriente son el aceite, exclusivamente compuesto por grasas, y el azúcar, cien por cien hidratos de carbono o glúcidos simples.

Todos los alimentos llevan agua

Como el agua no tiene calorías ni nutrientes, se suele pasar por alto que todos los alimentos tienen en mayor o menor medida agua. Incluso los más secos, también la tienen. En una almendra, el 5,8 %[1] es agua, mientras que en una lechuga es el 95,2 %. Cuanta más agua, menor densidad nutricional (hay menos macronutrientes). Pero esto no quiere decir que no haya micronutrientes valiosos. El 90 % de una espinaca es agua y, sin embargo, nos proporciona folatos y vitamina K.

Los alimentos de origen animal, como carnes, pescados y huevos, llevan entre 60 y 80 % de agua.[2] La leche tiene cerca del 87 %, mientras que el queso suele estar entre un 30 y un 35 %. Las legumbres, harinas, arroz, y pastas contienen entre 8 y 12 % de agua.

Puede que estas palabrejas —ácidos grasos, glúcidos, azúcares o aminoácidos— te suenen, pero no termines de comprender del todo lo que implican en nuestra nutrición. En las siguientes páginas intentaré explicarlo de una forma sencilla e

---

[1] AESAN, Ministerio de Sanidad, Servicios Sociales e Igualdad. Base de Datos Española de Composición de Alimentos (BEDCA).

[2] Fundación Española de la Nutrición, *La alimentación española: Características nutricionales de los principales alimentos de nuestra dieta* (Madrid: Ministerio de Agricultura, Pesca y Alimentación, 2018).

intuitiva para que, cada vez que te sientes a la mesa y tengas un alimento ante ti, sepas qué te aporta y por qué es saludable o menos saludable tomarlo.

En esto de la nutrición no hay buenos ni malos, esto no me canso de repetirlo. La nutrición es la suma de todo lo que comemos y en su justa proporción todo tiene un lugar. Sacralizar o demonizar ciertos alimentos, o determinados nutrientes (por ejemplo, los hidratos de carbono o las grasas) solo lleva a una tener relación conflictiva con la alimentación que puede llevar a trastornos de la conducta alimentaria tan graves como la anorexia (dejar de comer) o la ortorexia (llevar al extremo la decisión de comer solo lo que es muy saludable y nada más).

Ojo a las dietas excluyentes

Cuando advierto del peligro de sacralizar algunos alimentos y demonizar otros no es gratuito. Todas las semanas me encuentro con pacientes que han desarrollado una relación patológica con la comida por creer que podrían adelgazar comiendo solo un alimento que es buenísimo.

Es lo que sucede con la famosa dieta de la piña. ¿La piña es buena? Sí. ¿Basar nuestra dieta en un número muy reducido de alimentos y piña es correcto? No. Y ahora pensarás, «pues sé de gente que ha perdido peso con esa dieta». Claro que sí, pero, ¿sabes por qué? Porque es una dieta muy, pero que muy restrictiva. Apenas se comen alimentos que aporten calorías, abundan las proteínas (con un índice energético muy bajo) y casi se eliminan los hidratos de carbono y las grasas. ¿Se adelgaza? Sí, pero a costa de no ingerir los nutrientes necesarios para un adulto con una actividad normal.

No quiero hacer *spoiler*, pero ya te puedes imaginar cómo acaba la cosa al cabo de unos días: se pasa hambre, llega el temido efecto yoyó, los kilos se recuperan y aparece la sensación de fracaso por no haber sabido mantener el peso.

Hidratos de carbono: pan, pasta y arroz integrales

Los hidratos de carbono, también llamados carbohidratos, glúcidos o azúcares son un grupo de sustancias nutritivas que tienen como función principal la de proporcionar energía al organismo (cuatro kilocalorías por gramo). Además, confieren ciertas cualidades sensoriales a los alimentos gracias a la capacidad de endulzar de la glucosa y la fructosa.

No todos los hidratos de carbono tienen la misma estructura química. No me voy a poner en plan pedante con las moléculas, pero sí conviene saber algunos de los nombres químicos con los que se conoce cada uno de los 'azúcares'.

Azúcares simples: monosacáridos, disacáridos y oligosacáridos

Glucosa
Forma parte de muchos de los disacáridos y es la unidad básica de casi todos los polisacáridos. Uno de estos, el almidón, es la principal fuente de energía en la dieta; otro, el glucógeno, es la forma de almacenar los hidratos de carbono dentro de los músculos. Digamos que es el combustible de uso inmediato de los músculos cuando les llega la orden de moverse.

Fructosa
Es el principal azúcar de las frutas, aunque también lo encontramos en las verduras, las hortalizas y la miel. Es el azúcar más dulce.

Sacarosa o sucrosa
Es un disacárido (es decir, dos moléculas de azúcares) formado por glucosa y fructosa. La encontramos en algunas verduras y frutas, así como en la caña de azúcar y la remolacha azucarera. El azúcar (tanto el blanco como el moreno) es sacarosa.

Lactosa
Es el azúcar propio de la leche. Aunque es menos dulce que otros azúcares, es lo que confiere cierto aroma y sabor dulzón a la leche. Está formada por glucosa y galactosa.

Si hasta las verduras llevan azúcares, ¿por qué muchos alimentos se venden como 'sin azúcar'?

Los fabricantes aprovechan un recoveco que permite la legislación vigente que diferencia entre azúcar y azúcares. El Real Decreto 1052/2003, de 1 de agosto, por el que se aprueba la Reglamentación técnico-sanitaria sobre determinados azúcares destinados a la alimentación humana, establece que con el nombre específico de azúcar (sacarosa), se designa exclusivamente el producto obtenido industrialmente de la remolacha azucarera (*Beta vulgaris subsp. vulgaris var. altissima*) o de la caña de azúcar (*Saccharum officinarum*, L.).

A su vez, el Reglamento (UE) N° 1169/2011 del Parlamento Europeo y del Consejo, de 25 de octubre, sobre la información alimentaria facilitada al consumidor, establece en su Anexo I que se entenderá por azúcares todos los monosacáridos y disacáridos presentes en los alimentos, excepto los polialcoholes.

¿Toda esta parafernalia de leyes y reglamentos qué tiene que ver con el rollo del azúcar? Pues mucho. De acuerdo con la normativa anterior, el término 'azúcar' alude solo y exclusivamente a la sacarosa, mientras que 'azúcares' es más amplio pudiendo referirse a cualquier monosacárido o disacárido. Es decir, si le han añadido azúcar mondo y lirondo, también llamado sacarosa (como el que le puedes echar tú al café de por la mañana y que es lo que lleva, sin ir más lejos, el kétchup), están obligados a declarar que lleva azúcar añadido. Si no le han añadido sacarosa, pueden declarar que no lleva azúcar añadido. Que no quita para que pueda llevar miel, zumo de frutas… u otro tipo de azúcares.

En cuanto a los 'azúcares', en el Anexo del Reglamento (CE) N° 1924/2006, de 20 de diciembre, relativo a las declaraciones nutricionales y de propiedades saludables en los alimentos, se afirma que: «Solamente podrá declararse que un alimento no contiene azúcares, así como efectuarse cualquier otra declaración que pueda tener el mismo significado para el consumidor, si el producto no contiene más de 0,5 g de azúcares por 100 g o 100 ml».

Azúcares complejos: polisacáridos

En este grupo está el almidón. Como su estructura química es más larga se considera un hidrato de carbono complejo o de absorción lenta. Se encuentra en legumbres, cereales y tubérculos, principalmente.

Como ves, dentro de la gran familia de los hidratos de carbono podemos encontrar un amplio abanico de alimentos de consumo habitual. A pesar de que están muy demonizados, muchos alimentos con hidratos de carbono tienen un perfil muy saludable.

Es el caso de las frutas, verduras y hortalizas, compuestas en su mayoría por hidratos de carbono complejos. Esto quiere decir que aumentan progresivamente la glucemia, es decir, que van soltando poco a poco sus azúcares en nuestra sangre; justo lo contrario que sucede con los azúcares simples. Además, frutas, verduras y hortalizas poseen fibra, un nutriente que no se digiere, pero que ralentiza el paso del azúcar a la sangre (lo que llamamos no generar un pico de glucemia brusco).

También llevan fibra los cereales, sobre todo, los integrales. Alimentos como el pan, el arroz y la pasta son recursos clásicos de nuestra gastronomía. ¿Son insanos como muchos piensan? Lo cierto es que no, todo dependerá del contexto y del uso que les demos en nuestra rutina. Comer un plato de macarrones no es en absoluto malo. Todo depende de lo grande que sea y de si los tomas solo con un chorretón de aceite de oliva virgen extra, con una boloñesa o con chorizo y gratinado con tres toneladas de queso. El problema no son los macarrones, sino el acompañamiento.

Otro concepto que no debe perderse de vista es que el consumo de alimentos ricos en hidratos de carbono debe adecuarse a nuestro nivel de actividad física para así cumplir con nuestras necesidades calóricas y energéticas. ¿Por qué? Porque el cuerpo apenas tiene capacidad para almacenar los hidratos de carbono en ese estado. Solo guarda pequeñas cantidades de glucógeno listo para usar al instante, pero es un recurso que se acaba con cierta rapidez. Es lo que les pasa a los ciclistas cuando sufren una pájara, que no es ni más ni menos, que el hecho de que sus músculos se han quedado sin glucógeno para seguir funcionando.

Pero el cuerpo es un maestro almacenando energía y no está dispuesto a perder ni una caloría solo por no tener armarios para almacenarlas. ¿Qué hace entonces? Transformar los hidratos de carbono que no puede almacenar en grasa. Y para la grasa sí que tiene armarios. De hecho, puede montarse un Ikea de armarios para ir guardando toda la grasa posible. Son los temidos michelines. Cuando te digan que la pasta engorda piensa que es más bien que no has quemado esos hidratos de carbono y se han convertido en tejido graso.

Proteínas: carne, pescado, huevos, legumbres y frutos secos

Los alimentos proteicos, como la carne, los huevos y el pescado, son necesarios en nuestra alimentación por muchos motivos. El principal de ellos es que las proteínas poseen aminoácidos esenciales, unidades más pequeñas de las proteínas, que son imprescindibles en nuestra salud por cumplir con multitud de funciones metabólicas (por ejemplo, las necesitamos para fabricar hormonas o los tan necesarios anticuerpos).

Además, las proteínas cumplen con un rol estructural y bioquímico crucial al conformar nuestros tejidos (la piel, las uñas, los músculos, los órganos... se forman con ladrillos de proteínas).

Finalmente, también pueden servir como fuente de energía de emergencia. Las principales fuentes de energía son los hidratos de carbono y las grasas. Si faltan, el cuerpo echa mano de los último que le queda, las proteínas, aunque no sea una 'gasolina' demasiado eficiente (solo aportan 4 kcal/g). Por eso, en las dietas muy restrictivas se puede llegar a perder masa muscular: el cuerpo tira de esos 'ladrillos' de los músculos para poder seguir llevando a cabo sus funciones vitales. De ahí el cansancio, la apatía y la sensación enfermiza cuando alguien se somete a esas dietas severas que son casi un ayuno.

Otros alimentos ricos en proteínas son las legumbres y los frutos secos, aunque ambos también destacan por contener cantidades muy interesantes de hidratos de carbono saludables asociados a altos niveles de fibra dietética.

Las proteínas son consideradas como el macronutriente más saciante, entre otras cosas, porque su digestión es más lenta y complicada. Por eso es tan importante incluir alimentos proteicos en dietas de pérdida de peso, donde mantener el apetito controlado resulta clave. Además, un adecuado aporte de proteínas también resulta esencial en dietas para ganar masa muscular.

GRASAS: SATURADAS E INSATURADAS

¡Con Satán hemos topado! Bromas aparte, las grasas son, probablemente, el macronutriente más demonizado desde hace muchos años. Esto es debido a que la grasa aporta más kilocalorías por gramo que las proteínas y los hidratos de carbono.

Calorías por gramos de cada macronutriente
Grasas: 9 kcal/g
Hidratos de carbono: 4 kcal/g
Proteínas: 4 kcal/g

Esta comparativa ha hecho que tradicionalmente las grasas ocupen un oscuro lugar en la mente de los consumidores, principalmente por muchas campañas de *marketing* y etiquetados de productos *light* o bajos en grasa.

Sin embargo, lejos de ser un estorbo o algo que hay que evitar en la dieta, las grasas son un nutriente esencial para el organismo humano. Forman parte de las membranas de nuestras células e intervienen en multitud de procesos fisiológicos del cuerpo humano, sobre todo a nivel hormonal.

Podemos distinguir las grasas en función del tipo de ácido graso predominante en ellas:

– Ácidos grasos saturados. Tradicionalmente vinculados a problemas cardiovasculares y predominantes en alimentos de origen animal.

– Ácidos grasos insaturados. Se asocian a funciones cardioprotectoras y están mayormente en alimentos vegetales.

Por eso suelen conocerse como 'grasas buenas' y la publicidad les añade la coletilla de que 'ayudan a tu corazón'. Dentro de los ácidos grasos insaturados distinguimos a su vez dos tipos:

– Ácidos grasos monoinsaturados: los encontramos en el aceite de oliva y el aguacate.

– Ácidos grasos poliinsaturados: los tenemos en los pescados azules (salmón, sardinas...) y en frutos secos como las nueces.

Micronutrientes: vitaminas y minerales

Si dejamos a un lado los macronutrientes también encontramos componentes que son esenciales en nuestro organismo, solo que en menor cantidad. Son las vitaminas y minerales. Se llaman micronutrientes por su menor presencia cuantitativa, aunque no por ello son menos importantes en nuestro organismo.

Las vitaminas y minerales se encuentran en multitud de alimentos. Las más importantes son las vitaminas A y C, que podemos encontrar en frutas, verduras y hortalizas, y la vitamina D, en pescados grasos y el hígado vacuno, por ejemplo.

Los minerales, como sodio, potasio, zinc, fósforo, calcio o hierro, entre muchos otros, se encuentran repartidos por todas las familias de alimentos. El hierro es mayoritario en la carne roja y el calcio, en los lácteos, por ejemplo.

Comer variado, clave para la salud

Como ves cada nutriente, ya sea macro o micro, cumple una función. A su vez, cada alimento aporta macro y micro nutrientes en cantidades variables. De ahí que llevar una dieta variada y equilibrada nos permite disponer de todas las vitaminas y minerales que nuestro cuerpo necesita.

El plato de Harvard: un gráfico muy útil

El plato para comer saludable de Harvard se ha convertido en un recurso indispensable para muchos profesionales de la nutrición y dietética por su sencillez a la hora de transmitir un mensaje que en ocasiones puede resultar bastante complejo.

En él podemos visualizar de forma muy sencilla la estructura de una ingesta ideal, con las cantidades recomendadas de alimentos según la forma de un plato. Las directrices que recoge este gráfico son las siguientes:

50 % vegetales (la mitad del plato)
Cuantos más vegetales (frutas, verduras y hortalizas) consumas y más variados sean, mejor. Valen las acelgas, el brócoli, el tomate, la naranja o los lichis, lo que quieras que venga de una planta. En esta lista solo hay una excepción: las patatas, consideradas hidratos de carbono. Come muchas frutas de todos los colores. Los vegetales deben ocupar la mitad del plato.

25 % del plato deben ser granos integrales, como pan, pasta y arroz
Limita el arroz blanco y el pan blanco (ya hemos visto que no llevan apenas fibra, por lo que su valor nutricional es menor). Los granos integrales deben ocupar una cuarta parte del plato.

25 % proteínas
A elegir preferentemente entre pescados, aves, legumbres y frutos secos. Limita las carnes rojas y el queso. Evita el beicon y otras carnes procesadas y fiambres. Las fuentes proteicas saludables deben ocupar una cuarta parte del plato.

Usa aceites saludables
Como aceite de oliva para cocinar, para ensaladas y en la mesa.

Toma agua, té o café sin azúcar o con poco azúcar.
Limita leche y lácteos a una o dos raciones diarias y el zumo a un vaso al día. Evita bebidas azucaradas.

CÓMO PLANIFICAR
EL MENÚ SEMANAL

Un día cualquiera, de regreso de las extraescolares con los niños en el coche.

— A ver, como habéis sacado buenas notas (o el entrenador os ha felicitado, la *teacher* ha dicho que has mejorado un montón, o lo que sea), ¿queréis que haga una tortilla de patata para cenar?

Algarabía general en los asientos traseros y un «siiiiiiii» que se escucha hasta en Pekín. Llegas a casa entre vítores infantiles y te pones a pelar patatas con la felicidad de progenitor en estado de gracia. Cuando ya tienes los tubérculos pelados, limpios y laminados (puede haber o no cebolla, es un debate en el que no vamos a entrar), abres la nevera y no quedan huevos. O solo quedan dos, que tampoco da para que cenen dos criaturas, un padre y una madre.

La siguiente escena es una mezcla de drama, decepción y enfado monumental. El «¡pues, vaya!» exclamado por los chiquillos también se oye en Pekín. Ese es el momento en el que miras en el congelador a ver qué queda y sueltas un triste «bueno, no pasa nada, tenemos filetes y judías verdes congeladas». En tu cabeza suena algo así como «al menos, hemos salvado la cena y no tengo que salir corriendo al súper». En la de los niños suena un atronador «qué rollo de cena, joooo».

La situación puede parecer tragicómica e intrascendente, pero no lo es. Pensar las comidas a salto de mata, por impulso emocional, funciona bien el día que haces la compra porque la despensa está hasta arriba y hay dónde elegir. A medida que avanzan los días, las reservas se reducen y el abanico de opciones desciende. Si eres un 'cocinillas' *cum laude* o un MacGyver de las conservas, seguro que eres capaz de inventarte una cena suculenta e imaginativa. Pero si eres un mortal de carne y hueso puedes acabar cenando un plato de pasta a secas. O llamando a la pizzería más cercana o al restaurante chino de la esquina… otra vez. Que te salvan la vida, sí. Que es un recurso poco saludable al que solo debemos recurrir de cuando en cuando, pues también.

El caso es que estas situaciones no se darían si planificáramos un menú semanal. ¿Semanal? Sí. Pero, ¿de toda la semana? Sí. ¿No se echa a perder la comida en todo ese tiempo? Hombre, si vives en la Edad Media, es verano y no tienes fresquera, lo mismo los filetes no te aguantan. Pero si vives en el siglo XXI, tienes un nevera con congelador, algo de conservas y una despensa para almacenar alimentos que no necesitan refrigeración, te puedes planificar un menú a siete días vista y olvidarte de agobios a la hora de la cena (o a primera hora de la mañana decidiendo qué te llevas de comida a la oficina).

¿QUÉ DETERMINA LA ELECCIÓN DEL MENÚ?

Organizar lo que vamos a comer durante toda la semana puede convertirse en una auténtica odisea. Tal vez nunca te lo hayas planteado, pero a la hora de configurar el menú, decidir qué ingredientes meterás en cada plato y dónde los vas a comprar influyen muchos factores:

Los gustos de cada uno de los miembros de la familia
No es lo mismo poner un puchero para todos, que tener que hacer dos menús porque alguien es vegano o no le gustan las zanahorias. O, al revés, si es pasta, tienen que ser espaguetis porque les tiene manía a los macarrones. O si a uno no le gusta el ajo nada de nada. Tengo una amiga que de pequeña odiaba las judías verdes, el brócoli y la verdura en general porque su madre las rehogaba con mucho ajo. Durante años ella odió la

verdura hasta que un verano se fue a Inglaterra y descubrió las verduras hervidas sin más. Y le gustaron. Para su madre fue un soponcio, pero al menos logró que la niña comiera verdura. A partir de entonces, cocía las verduras y a ella le separaba una ración antes de rehogar las del resto. Había algo de guasa con que si aquello era comida de enfermo, pero la muchacha se tomaba sus verduras más feliz que un regaliz.

Por eso siempre recomiendo ser flexible. Vale que hay que comer de todo, pero cada uno tiene sus gustos y eso debemos respetarlo, aunque estemos en familia. Imponer un plato habiendo alternativas es un primer paso para desarrollar una relación conflictiva con la comida.

Alergias, intolerancias o enfermedades

Que alguien de la familia sea celíaco obliga a reconsiderar la bechamel. Si es alérgico al huevo, hay que repensar desde los rebozados al huevo duro que vas a poner en un potaje. Otro tanto de los mismo si alguno de los miembros del clan necesita una dieta FODMAP (Fermentable Oligo, Di, Monosaccharides And Polyol, o sea, oligo, di, monosacáridos y polioles fermentables), que es la dieta baja en carbohidratos fermentables que siguen, por ejemplo, las personas con intestino irritable, enfermedad de Crohn o diverticulitis.

El presupuesto

Hay quienes van al mercado con trescientos euros y compran solomillo y marisco. Otros se conforman con cinta de lomo y algo de merluza congelada del Cabo. No es una vergüenza tener que mirar el euro a la hora de hacer la compra. Y no pasa nada por reconocerlo. Hay infinidad de alternativas económicas y saludables para que el menú no sea demasiado caro, sin renunciar a ingredientes saludables.

Es cierto que muchos alimentos poco o nada saludables son infinitamente más asequibles que otros nutricionalmente más valiosos (un paquete de salchichas es más barato que una pechuga de pollo o unos filetes de rodaballo), pero planificando bien el menú podemos dar cabida a alimentos congelados o en conserva, que son más asequibles y tienen las mismas propiedades que los frescos. De esta forma, comemos bien y nos duele menos en el bolsillo.

Las necesidades de cada día de la semana

¿Coméis o cenáis todos juntos? ¿Hay días en los que alguno de los miembros de la familia come fuera? Ese adolescente campeón de natación, ¿es capaz de cenarse un mamut los días que le toca entrenamiento? En ese caso, deja el menú de sopa y filete para los días que no entrene y prepara una pasta con boloñesa de soja y verduras, un arroz salteado con gambas…

El menú escolar

Si los niños comen en el cole pescado, no les vas a poner un lenguado para cenar. Ni pollo si han comido muslos en pepitoria. Por suerte, los responsables de los menús escolares suelen facilitar el menú mensual con antelación aportando sugerencias para la cena según lo que coman los niños cada día.

La estación del año

Esto no requiere mucha explicación: si vives en Sevilla, una fabada asturiana o unas lentejas estofadas no es la mejor alternativa en agosto, como tampoco lo es una ensaladilla rusa y un gazpacho en una estación de esquí.

El tiempo que tienes para cocinar

Cocinar requiere tiempo. Eso es impepinable. Al planificar el menú de la semana, piensa cómo vas a ir de tiempo. Hazlo con sinceridad, el que vas a tener de verdad teniendo en cuenta el trabajo, las extraescolares de los niños, tus entrenamientos, si tienes que ir a Zara a descambiar unos pantalones, si has quedado con amigos una tarde y lo más probable es que no cenes en casa… Si estás preparando oposiciones, lo más probable es que no tengas tiempo para ponerte a preparar ese plato tan rico, pero muy complicado de elaborar que viste en *Masterchef.* Y lo mismo si te toca echar una mano a los niños con los deberes en las semanas de exámenes.

Cuando pienses en las comidas para la semana, plantéate cuánto tiempo tienes cada día para cocinar. Volviendo al ejemplo de las oposiciones, lo mejor será tirar de táper congelado (ya llegaremos al famoso *batch cooking)* o ir a menús rápidos y sin complicaciones (pescado a la plancha y ensalada, menestra congelada y tortilla a la francesa, entrecot y un asadillo manchego en conserva, de los abrir el bote y servir...).

Tu horario

Hay personas que siempre llegan a casa a la misma hora, pueden ir al súper a la misma hora, cocinar a la misma hora y comer o cenar a la misma hora. Otras profesiones tienen horarios imprevisibles. Si eres periodista puede que un día llegues a casa a las ocho, otro a las nueve y otro, pasadas las diez. Lo mismo si tienes horarios rotatorios o estás en una temporada con pico de actividad y toca echar horas extras (pagadas o no).

El *marketing* y la publicidad

Por mucho que intentemos blindarnos, los reclamos publicitarios acaban calando en nuestro subconsciente. Y no te digo ya en el de los niños. Galletas enriquecidas con tropecientas vitaminas, hierro y un diseño supercuqui, pizzas 'caseras' con la receta del maestro pizzero y con ingredientes bio, etc.

Las ofertas

Para bien o para mal, los 3x2 de los supermercados, las promociones y bajadas de precio de alimentos con fecha de consumo preferente próximo también van a influir en el menú. De hecho, es normal llegar al súper, ver una oferta, comprarla y tener que reajustar el menú. Es el caso de cuando no tenías pensado comprar calabacines, pero los ves a mitad de precio e improvisas un puré para la cena.

Todos estos factores no juegan en solitario. Digamos que el menú semanal viene a ser como el resultado de un algoritmo compuesto por todos esos factores. Cuanto más controlados los tengas, menos sobresaltos te llevarás, tanto en la disponibilidad de alimentos como en lo que te acabas gastando en comer. A lo largo de este capítulo veremos trucos y consejos para que organizar tu menú semanal sea coser y cantar.

MEJOR NO IMPROVISES: CÍÑETE A TU MENÚ

En este sentido, planificar el menú semanal con antelación nos sirve para no ir a ciegas al supermercado. No solo nos ahorrará tiempo y esfuerzo, sino que también repercutirá de forma positiva en nuestro bolsillo ya que compraremos solamente aquello que de verdad necesitamos. Dejaremos a un lado los caprichos o productos superfluos como dulces, bollería, patatas fritas y otros ultraprocesados.

Evita a toda costa el «a ver qué podemos hacer hoy» cuando en la despensa y en el frigorífico quedan pocos ingredientes. Corremos el riesgo de repetir platos de forma recurrente, algo que va a dificultar que consigamos una amplia variedad de nutrientes en nuestra dieta. Por eso decimos que hay que comer «de todo» (aunque esta frase tiene matices), para obtener los diversos nutrientes que los diferentes grupos de alimentos nos aportan.

MANOS A LA OBRA: VAMOS A ELABORAR UN MENÚ SEMANAL

Suena a reto imposible, pero verás que es más o menos lo que llevas haciendo toda la vida, solo que con un orden, ciertas pautas y un poquito de disciplina. Vamos a ir paso a paso y verás que es más fácil de lo que parece. El primero costará un poco más, pero los demás irán saliendo solos.

Hagamos una tabla

Ya sabes cómo: siete columnas (para los días de la semana) y cuatro o cinco filas para las semanas. Si te apañas bien con las tecnologías, mi consejo es que la hagas en Word o Excel y la lleves en el móvil. De esta forma podrás consultarla cuando en el súper te asaltan dudas del tipo «¿y el sábado qué íbamos a comer?».

Rellena el menú de cada día

Cuanto más específico sea, mejor. No es lo mismo poner «pescado y verduras» que merluza al pilpil y borraja rehogada. ¿Por qué? Para darle variedad y evitar caer en 'lo de siempre'. Si el lunes tocó merluza, el miércoles puede ser lenguado, rape, trucha, sardinas... Aquí es donde puedes dar rienda suelta a lo que aprendes en los *realities* tipo *Masterchef*, lo que has visto en los documentales de Netflix, lo que aprendes con Chicote y esa receta que viste en Internet y que tanto te gustó.

Webs y libros donde buscar ideas

No hay nada más aburrido que tener la sensación de estar comiendo lo mismo todos los días. Una pechuga de pollo puede filetearse y hacerse a la plancha, cortarla en taquitos y cocinarla en salsa de naranja, con nata, con curri, incorporarla a unos tallarines con pollo y bambú, hacer *fingers* de pollo, cortarla en tiras para burritos o *wraps*...

Lo importante es no caer en lo de siempre e intentar refrescar la mente con ideas nuevas. El universo de los libros de cocina es inabarcable. Los hay caros, baratos, con más fotos, con menos... Una de las sugerencias que siempre hago a mis pacientes es que las recetas tienen que ser fáciles de realizar en una cocina normal (sin electrodomésticos profesionales) y con ingredientes que se puedan comprar en tu mercado o en el súper de la esquina.

Algunos de mis favoritos son:

– *1080 recetas de cocina*, de Simone Ortega. Un básico de cocina. Recetas de toda la vida, paso a paso y en un lenguaje fácil de comprender incluso para quienes no tienen ni idea de cocinar. Esencial para cuando los hijos se emancipan.

– Cualquiera de Karlos Arguiñano. Platos fáciles y ricos, ricos.

– *Cocina sana para disfrutar*, de Isabel Llano (Isasaweis).

– El blog de recetas de Eroski. Vienen por tipo de plato, tiempo de preparación, técnica culinaria, tipo de ingrediente, precio... Y tiene algo que me encanta: todos los ingredientes son fáciles de comprar en sus supermercados o en cualquier otro.

– Canal Cook & Arts. Está en YouTube y es de acceso gratuito. Encontrarás vídeos donde los grandes chefs, resposteros y panaderos, como Ferran Adrià y Osvaldo Gross, nos muestran algunos de sus trucos fáciles de realizar para dar un toque *gourmet* a tus platos de diario. Tienes hasta a Heston Blumenthal (doblado al castellano) preparando unos huevos revueltos al baño maría en un centro de mayores (sí, al baño maría, y resulta que le quedan más esponjosos que al resto de señoras que tiene a su alrededor).

Hacerlo equilibrado

Este punto va inevitablemente ligado al anterior. Para que el menú de toda la semana sea equilibrado debe cumplir con varios requisitos: ser nutricionalmente completo, apetecible y sabroso. Si el menú no nos gusta será complicado que podamos disfrutar con la comida y mantener hábitos saludables a largo plazo.

Un buen truco para elaborar un menú semanal equilibrado consiste en incluir diversas raciones por grupos de alimentos. Empecemos por las proteínas. Una alimentación omnívora y sin alergias ni intolerancias alimentarias debería incluir:

1). Al menos 2 raciones de legumbres a la semana (garbanzos, alubias, lentejas, guisantes, edamame…)

2). 2-3 raciones de huevo (una ración son dos huevos)

3). Mínimo 2 raciones de carne, intentando priorizar carnes blancas y magras frente a carnes rojas

4). Al menos 3-4 raciones de pescado, alternando entre especies blancas como el lenguado o la lubina y azules o grasas como el salmón, el arenque o la sardina, por citar algunos ejemplos fáciles de encontrar.

Los frutos secos y cereales (pan, pasta, arroz…) también deben estar presentes. Se consideran proteínas incompletas porque no tienen todos los aminoácidos esenciales, aunque si los combinamos se compensan. En cualquier caso, su papel es sobre todo el de aportar hidratos de carbono y fibra. En el caso de los cereales lo más saludable es optar por fuentes integrales por su mayor aporte de fibra dietética y micronutrientes. La fibra tiene otra propiedad muy interesante: sacia más, con lo que no tendrás sensación de hambre en unas horas.

¿Cuánto hay que poner en cada ración? Pues todo dependerá de la actividad física de cada comensal. Si somos muy deportistas podemos incluir más raciones de alimentos como arroz, pasta o pan.

Respecto a las frutas y verduras suele existir un consenso claro: hay que consumir cinco raciones al día, que no a la semana. Por ello, es importante que variemos entre vegetales de diferentes colores y formas, así nos aseguraremos de disponer de vitaminas y minerales de todo tipo.

Dejarlo preparado la víspera

Una de las ventajas de tener el menú semanal a la vista es que puedes repasarlo con antelación. Antes de acostarte (o mientras preparas la cena) revisa lo que toca comer al día siguiente en base al menú que has establecido. Así podrás descongelar algunos alimentos si lo necesitan, poner a remojo legumbres o dejar cortados algunos ingredientes. Todos estos pasos y planificación te ahorrarán mucho tiempo de cara al futuro.

BATCH COOKING: UN ALIADO EN LA ERA MODERNA

Seguro que has oído este palabro miles de veces. Es la forma esnob y moderna de llamar a lo que las madres llevan haciendo toda la vida llevando táperes a los hijos recién emancipados. Si tu suegra te trae táperes con lentejas, carne asada o croquetas, eso es *batch cooking*. Si lo haces tú para tener a lo largo de la semana, igual. La traducción del término quiere decir algo así como cocinar para tener reservas. Consiste en ponerse el delantal, encerrarse en la cocina una tarde y liarse a preparar pucheros para tener para toda la semana. Unos irán al refrigerador y otros, directamente, al congelador. Parece una nimiedad pero emplear un solo día para preparar las comidas de toda la semana ha resultado ser un recurso salvador para muchas familias. Vivimos en una época donde se valora cada vez más la conciliación familiar y la falta de tiempo se ha convertido en un verdadero quebradero de cabeza para muchas personas.

El *batch cooking* nos permite preparar en unas pocas horas las comidas de toda la semana. ¿Cuándo hay que hacerlo? Generalmente se emplea el domingo para cocinar, siendo verduras al horno, legumbres en conserva y guisos los platos más habituales en este formato moderno de cocina que realmente no se diferencia mucho de la cocina típica de la abuela que todos conocemos.

¿QUÉ TIPO DE TÁPER ELEGIR?

Si vamos a guardar, tendremos que meterlo en algún recipiente, ¿no? El material del táper que va a almacenar nuestra comida es muy importante, ya que puede influir considerablemente en la conservación del alimento. Los de varios usos para casa son de plástico o cristal.

Los de plástico suelen ser la opción más escogida por su comodidad: son resistentes y a la vez fáciles de transportar. Además, si elegimos bien el tipo de plástico también son aptos para microondas y lavavajillas. Sin embargo, son más difíciles de limpiar y, con el tiempo, van cogiendo un color indefinido que los hace parecer sucios sin estarlo.

Los de cristal son muy higiénicos y fácilmente lavables. En contraposición, estos pesan mucho y pueden ser incómodos de transportar. Además, su fragilidad hace que puedan romperse con mayor facilidad ante cualquier golpe o despiste.

Por lo demás, puede ser interesante que cuenten con una válvula para la extracción de aire. Así, cuando introduzcamos los alimentos calientes evitaremos en gran medida que el agua condense en el interior del envase, lo que empeora la conservación.

Otro consejo muy útil en relación con los táperes es etiquetar la fecha de cocinado. De esta forma evitaremos que nuestro táper esté dando vueltas por el frigorífico durante varios meses, sirviendo de festín para esas bacterias poco amigables y ganamos papeletas para cogernos una indeseable intoxicación alimentaria.

Este recipiente, ¿sirve para meter comida?
Cuando compramos tarteras (o táperes) o recipientes de vidrio en la sección de menaje claramente sabemos que serán aptos para usar con la comida. Pero eso no basta. ¿Se pueden usar en el microondas? ¿Y en el horno? ¿Y meterlos en el lavavajillas? Antes de comprar piensa cómo vas a usarlos y comprueba que tienen estos símbolos:

- Copa con tenedor: significa que son aptos para contacto con alimentos.
- Horno: aptos para horno.
- Ondas: aptos para microondas.
- Platos en lavavajillas: aptos para lavaplatos.

CÓMO HACER
LA COMPRA SEMANAL

Hay dos tipos de personas, los que dicen «cariño, tengo veinte minutos libres, me pego un salto al Mercadona y pillo algo para la cena» y los que la planifican con hoja de Excel. Los primeros suelen encontrarse en más de una ocasión con que el hombre propone, y Dios dispone. O, en este caso, el señor Juan Roig, y sus previsiones de compra se verán truncadas y tendrán que elegir entre lo que no se haya agotado a lo largo del día; según la hora a la que te dejes caer por la tienda, puede que ya haya baldas vacías. Los segundos podrían planificar el avituallamiento de un cuartel entero sin inmutarse.

Vivir al día, tener la nevera tiritando por falta de previsión y acabar yendo al supermercado varias veces a la semana a comprar tres chuminadas en cada viaje, es un mal que afecta a muchas personas. No pasa nada si empujar el carrito por los pasillos del súper forma parte de tus aficiones, pero si no es así, al cabo de la semana puedes acabar con la cansina sensación de tirarte media vida en el súper y, encima, no siempre encontrar lo que querías. Sin contar con la desazón que supone estar todo el día fantaseando con que vas a cenar una merluza rebozada con un pisto y toparte con que ya no quedan pimientos frescos. O que solo quedan de los verdes para freír. O que deseabas con todas tus fuerzas un bote de helado de chocolate para el postre y ya solo les queda de fresa.

¿Te has visto retratado en esos ejemplos? Esas cosas pasan por falta de previsión. Más en concreto, por no planificar la compra semanal. Fíjate que hablamos de compra semanal, es decir, los alimentos que vas a poner en la mesa para los próximos siete días. Ni que decir tiene que no es una tarea que pueda hacerse a la ligera. Hay que plantearse primero qué vas a comer cada día (si vives solo o sola) o qué tienes previsto poner de comer para toda tu familia. Luego ya vendrán los caprichos, como esa salsa tan peculiar que te ha llamado la atención, ese chocolate relleno de mermelada de no sé qué que te apetece probar o ese humus bio del que todos hablan maravillas y que te apetece catar.

CUATRO RAZONES PARA HACER LA COMPRA UNA VEZ A LA SEMANA

Ganas tiempo

Cada visita al supermercado se lleva entre veinte y cuarenta minutos. Si vas varias veces a la semana acaban sumando varias horas que podrías emplear en otras tareas.

Ahorras dinero

Comprar en cantidades grandes en ocasiones sale más asequible o puedes aprovechar ofertas de tres por dos o la segunda unidad a la mitad de precio. Si sabes que en casa caen tres yogures al día, te sale mejor comprar dos paquetes de ocho, si el segundo lleva descuento, que ir el lunes y el viernes a comprar solo uno.

Una segunda forma para ahorrar es que puedes jugar con los precios de los alimentos en la cesta de compra final. Los alimentos no tienen precios fijos, varían según la oferta y la demanda, la climatología (si hay heladas, la verdura suele subir de precio), la disponibilidad... Pongamos que el jurel ha subido. Sabes que la cesta de la compra te va a costar más porque el pescado está más caro, pero tal vez puedas compensar con el brócoli si ese día está más barato. Al final, la cesta de la compra es un poner y quitar para que no se dispare de precio. Si solo compras el jurel no tienes esa perspectiva global para compensar.

Tienes perspectiva de lo que has comido

Si no escribes el menú semanal en una hoja, es fácil que el viernes no recuerdes qué comiste el lunes. También es fácil ir al súper, volver a comprar lo mismo y comer lo mismo. De eso te das cuenta normalmente cuando, al ponerlo en la mesa, tus hijos te reciben con un «jooo, otra vez muslos de pollo». Si compras una vez a la semana y escribes el menú semanal, como vimos anteriormente, es más fácil no repetirte y evitar los reproches infantiles. Por ejemplo, compras dos kilos de muslos de pollo porque hay oferta y así sale más barato. El lunes pones muslos de pollo en salsa de tomate y el viernes hacéis una 'cena de fiesta' con muslos de pollo rebozados y fritos al estilo de Kentucky.

Pero, ¿rebozado y frito es saludable? No para diario, pero como vimos en el primer capítulo, la comida también nos da felicidad. Y ese momento de inicio de fin de semana con una cena informal, peli para toda la familia y muchas risas bien merece la pena levantar la mano.

Mejoras la calidad nutricional del menú semanal

Elegir alimentos para toda la semana es una tarea mucho más importante de lo que parece. Los alimentos individuales no contienen todos los nutrientes que nuestro organismo necesita, por lo que es importante consumir una amplia variedad de ellos con el fin de disponer de energía, macronutrientes y micronutrientes para el día a día.

EL GRAN DILEMA: CÓMO CALCULAR CANTIDADES

Ir a la compra para preparar unas carrilleras para cuatro y nada más es relativamente fácil. La cosa se complica cuando tienes que comprar pechuga de pollo para cuatro y tener para toda la semana. Es decir, que lo que compres hoy, tiene que darte para las raciones de varios días (para eso existen los congeladores y el *batch cooking*).

Uno de los grandes problemas a los que nos enfrentamos hoy en día es el cálculo de las raciones alimentarias. Primero, por mera economía familiar, porque a nadie le gusta comprar de más o quedarse corto. Pero es que, además, afinar en las cantidades de la compra ayuda a luchar contra el desperdicio alimentario, es decir, esas peras que compraste de más y que se acaban echando a perder antes de que os las comáis.

Está muy bien eso, pero ¿cómo calculo cuánto tengo que comprar de pollo, cuánto de carne y cuántos plátanos en esa megacompra semanal? Si gestionas un restaurante te diría que preparando comida para uno y escalando para el total de raciones que necesites. Pongamos que al hacer albóndigas usas cien gramos de ternera picada por comensal. Si vas a preparar para cinco personas y quieres tener para dos días distintos, necesitarás un kilo de carne picada. Es matemática sencilla, ¿no?

Lo que pasa es que, en la vida real de una familia, las raciones no siempre son exactamente iguales. Cada persona tiene unas necesidades dietéticas y energéticas determinadas, que van definidas según parámetros como el peso, la altura o el tipo de metabolismo. El adolescente deportista es una máquina de demolición cada vez que se sienta a la mesa, mientras que la abuela o los niños de cinco años comen bastante menos. Aquí la matemática, que a Arzak o Dabiz Muñoz de *Diverxo* les funciona, empieza a hacer aguas. Entonces, ¿cómo calculo cuánta carne picada necesito si pretendo tener para toda la semana? Sencillo: sentido común y experiencia.

Dicho de otra manera, no hace falta que nos compliquemos mucho la vida a la hora de calcular las raciones. Salvo casos puntuales y personas que necesitan buscar una pérdida de peso (o también ganancia del mismo), no es necesario que pesemos con báscula a todas horas lo que comemos. Las abuelas y las madres desde la noche de los tiempos han aprendido a calcular raciones a ojímetro y les ha funcionado. Saben quién se toma solo cuatro albóndigas, quién pide seis, o cuántas albóndigas tienen que poner según el tamaño de las mismas. Y en función de eso, hacen la compra semanal. Sin Internet, sin calculadoras con logaritmos neperianos y desde que el mundo es mundo lo han clavado. Así que no nos pongamos tiquismiquis con la báscula electrónica pesando alimentos y calculando calorías con la pasión de una azafata del *Un, dos, tres*...

Debemos dejarnos guiar por nuestra saciedad, y elegir acorde a ella nuestras ingestas diarias. Una vez tengamos esto claro, el proceso de compra será mucho más sencillo. Si convivimos en familia, debemos tener claro que no todos comen las mismas cantidades. Por lo que será necesario adaptar nuestra compra semanal a las necesidades de cada persona, siempre intentando conciliar las preferencias individuales con la rutina gastronómica familiar.

Consejo de abuela sabia

No calcules la comida siempre en gramos (o por kilos) a la hora de hacer la compra o te llevarás más de un disgusto. Los alimentos frescos no siempre pesan lo mismo. Hay días en los que las naranjas de mesa son pequeñas y otros en los que son enormes. Y lo mismo con el pollo o los tomates, por poner dos ejemplos. Hay alimentos que es más fácil calcularlos por piezas. No sientas pudor al pedir a tu frutero cuatro manzanas en vez de un kilo. Así calcularás mejor las raciones.

ORGANIZA LA LISTA DE LA COMPRA

Acabamos de ver la importancia de planificar el menú semanal. Pero esa planificación no sirve de nada si luego vamos a la compra «a lo que surja». Un menú semanal con cabeza y una buena lista de la compra son los mejores aliados para seguir una dieta variada sin esfuerzo.

Estos son algunos de los beneficios de los que podemos disfrutar si vamos al supermercado con cierta planificación y una lista organizada:

Calculas mejor qué tienes que comprar y cuánta cantidad

Cuando ya tienes decidido qué vais a comer y cenar esa semana, calculas más fácilmente qué tienes que comprar y el día que vas a la compra, vas a tiro hecho.

Revisa antes de salir de casa

¿Eres de los que compra una docena de huevos porque cree que no le quedan y al llegar a casa se topa con que aún hay ocho? Dedicarle algo de tiempo al menú y a la lista de la compra permite revisar si tenemos todo lo que nos hace falta en casa y apuntar en la lista solo lo que no tenemos. Así no compramos un paquete de arroz cuando aún nos queda en casa, ni nos volvemos sin orégano para las patatas griegas pensando que nos queda.

Mejor por columnas

Normalmente la lista de la compra es una libreta que tenemos en algún lugar de la cocina donde vamos apuntando las cosas según se acaban o según notamos que hacen falta. Suele ser una columna eterna de productos en la que tan pronto aparece el pan de molde, como la lechuga, los guisantes congelados, las gambas peladas para hacer una cazuelita al ajillo o el detergente para el suelo. ¿Eres de esos? Tranquilo, no eres el único.

Ir al súper con esa lista eterna suele significar acabar dando más vueltas de las precisas porque cuando pasaste por donde las galletas se te olvidó el pan. O compraste la mermelada, pero se te olvidó el café soluble que estaba un poco más abajo. ¿Quieres optimizar el tiempo y que no se te olvide nada? En vez de escribir en una sola columna, estructura la lista por columnas según los pasillos del súper. Por ejemplo, una columna para frutas y verduras, otra para las bebidas, otra para los lácteos refrigerados, los arroces y pastas, los productos de limpieza… Suena raro, pero en realidad lo único que tienes que hacer es poner la libreta en horizontal. ¡Verás cómo vas como una bala!

Evitas olvidos y tentaciones

Ceñirse a lo que hemos apuntado en la lista de la compra no solo agiliza mucho el tiempo que pasamos en el mercado o en el súper, también evita olvidos y nos libra de caer en tentaciones.

Ya tengo el carrito en la mano, ¿y ahora, qué?

Con lista por columnas o con una sola columna, lo que sí es importante es seguir un orden de temperaturas al coger los alimentos para que se mantengan en perfecto estado hasta llegar a casa. Empezaremos comprando los que no requieran refrigeración para acabar con los congelados.

Por eso, vamos a dividir la compra en cuatro partes:

1. Productos que no necesitan refrigeración. Arroz, pasta, legumbres, sopas de sobre, mermeladas, pan, galletas, chocolate, bebidas, latas, conservas, leche en brik... Y los productos de limpieza, si es que compras en el supermercado.

2. Frescos no refrigerados o que aguanten sin demasiada refrigeración. En este apartado van las frutas y verduras.

3. Frescos refrigerados. Carne, pescado, lácteos refrigerados y comidas preparadas.

4. Congelados. Cuanto menos tiempo pasen fuera del arcón, menos posibilidades de que se rompa la cadena del frío. Dentro del supermercado o del mercado es difícil, porque hay climatización, pero si compras en distintos establecimientos, los congelados deben ser lo último que eches al carrito.

Siempre con bolsa de congelados

La mayoría de los microorganismos patógenos que pueden causar problemas con los alimentos empiezan a multiplicarse con alegría a partir de los cinco grados centígrados. Esto es especialmente importante con carne, pollo o pescado. En el puesto del mercado no pasan de esa temperatura, pero una vez que te entregan el paquete, la refrigeración desaparece y comienza una cuenta atrás para tu compra.

¿Cómo impedir esa proliferación? Fácil: ve a la compra con una bolsa isotérmica (la bolsa de congelados con dos asas de toda la vida). También puedes llevar una nevera portátil (las hay de tela plegables). Esta alternativa es muy cómoda para ir echando bolsas y cerrarla.

El único inconveniente que veo en las bolsas es el asa. Si cargas mucho la bolsa, se te acaba clavando en la mano. Recientemente descubrí las mochilas isotérmicas de senderista para ir a la compra. En Decathlon las tienen hasta para veinte litros, que te da para comprar los congelados, echarlos a la espalda y cruzar Sevilla en verano sin quedarte sin anillas de calamar congelado.

PRIORIZA LOS ALIMENTOS FRESCOS

Tanto si realizamos nuestra compra en el mercado como en el supermercado, los alimentos frescos como verduras, frutas y hortalizas no pueden faltar en nuestra cesta. También huevos, pescado, legumbres y frutos secos, así como carnes (priorizando las magras sobre las rojas).

Esto no significa que no haya cabida para buenos procesados, como las verduras ultracongeladas, legumbres en conserva o latas de pescado y otros alimentos saludables, como los encurtidos. Debemos saber elegir y distinguir los procesados saludables de aquellos que no nos interesan: dulces, bollería, golosinas y otros ultraprocesados.

CÓMO SUSTITUIR SI NO HAY EXISTENCIAS

Mentalízate: ir a la compra con tu lista de la compra perfecta no siempre significa volver a casa con todo lo que necesitas. En ocasiones, los productos que buscamos se han agotado o, sencillamente, no se encuentran en nuestro supermercado de confianza. En este sentido, debemos ser capaces de improvisar y escoger otras alternativas igualmente válidas y saludables que sustituyan sin problemas el alimento que estamos buscando desde el punto de vista nutricional.

Por supuesto, esto puede llevarse a cabo siempre y cuando no tengamos incompatibilidades de alergias e intolerancias alimentarias.

Por ejemplo, carnes, pescados y huevos pueden ser fácilmente intercambiables como raciones proteicas de interés. ¿No hay pollo? Compra pavo, cerdo, tofu, seitán... También encontramos proteínas en alimentos como las legumbres y los frutos secos. Ya hemos visto que no tienen todos los aminoácidos esenciales (que son los que nuestro cuerpo no puede fabricar por sí solo y tenemos que ingerir con la comida). Esto significa que son proteínas incompletas. Sin embargo, si se combinan acabaremos teniendo la proteína completa. No hace falta que sea en la misma comida. Basta con que lo hagamos a lo largo del día. Por ejemplo, una ensalada con nueces en la comida y un humus con palitos de zanahoria en la cena.

Por otro lado, las grasas saludables que podemos intercambiar son, generalmente, aquellas ricas en ácidos grasos insaturados, que a su vez se dividen en dos tipos: monoinsaturados y poliinsaturados. Alimentos que contienen cantidades interesantes de ácidos grasos monoinsaturados son el aguacate y el aceite de oliva, mientras que los pescados azules como el salmón, el atún o la caballa son ricos en ácidos grasos poliinsaturados (concretamente, de tipo omega 3). Además de estos pescados, otros alimentos que también pueden suplir nuestras ingestas recomendadas de omega 3 son frutos secos como las nueces.

¿Cuándo es el mejor momento para ir a la compra?

Siempre lo hemos oído: no vayas a hacer la compra con hambre. ¿Tiene realmente algún sentido esta recomendación? Lo cierto es que sí, ya que cuando estamos hambrientos es mucho más fácil caer en tentaciones y comprar más productos de los que necesitamos en el supermercado. Concretamente, solemos abusar de aquellos envasados muy palatables, azucarados y ricos en sal y grasas de mala calidad nutricional como *snacks*, galletas, patatas fritas y chocolates varios.

Por ello, si eres una persona especialmente sensible al hambre y te dejas llevar con facilidad por ella en el momento de la compra, lo mejor es que acudas al supermercado después de comer o de desayunar siempre que sea posible. Justo en aquellos momentos donde tu hambre no esté en su pico más alto y puedas elegir con la cabeza, y no con el estómago. Precisamente por eso las degustaciones en los supermercados suelen hacerse justo antes de las horas de comer. No tiene ningún sentido que venga una azafata a ofrecerte *sushi* o tortilla de patata a las cuatro de la tarde.

La hora de las ofertas

Ya hemos dicho que no es una deshonra ir achuchado de dinero y mirar mucho lo que gastamos en la compra. Hay truquitos para aprovechar las ofertas y comprar alimentos de calidad por mucho menos dinero.

Uno de ellos es comprar alimentos cercanos a su fecha de caducidad. Muchos establecimientos bajan el precio de los productos perecederos a última hora del día. Es una estrategia para luchar contra el despilfarro alimentario que beneficia tanto al establecimiento, que no pierde toda la inversión, y para el consumidor, que se lleva a casa alimentos frescos perfectamente comestibles a un precio mucho menor.

Estas ofertas relámpago suelen aparecer a última hora del día e, incluso, a primera del día siguiente. Los rastreadores de ofertas lo saben y empuñan el carrito a esas horas por los pasillos de los frescos a la caza del chollo. El riesgo es no encontrar exactamente lo que buscas. Aquí es conveniente ir con mentalidad abierta, por si no encuentras justo lo que querías, pero ves otras alternativas muy convenientes. Imagina que vas a por berenjenas para hacerlas rebozadas o a la plancha como guarnición. No hay, pero tienen una bandeja de setas al treinta por ciento de su precio o espárragos trigueros. Suelen señalarse con etiquetas en colores vivos, como amarillo o rojo, con un mensaje del tipo «fecha de caducidad o de consumo próxima».

Es importante que sepas que las autoridades en materia de seguridad alimentaria vigilan de cerca a los establecimientos de venta de alimentos frescos para que todo lo que se venda esté en condiciones seguras para su consumo. Es decir, aunque su fecha de caducidad esté próxima, en ese momento se pueden comer sin riesgos.

El siguiente truco es unir ofertas y congelación. ¿Está de oferta la cinta de lomo, pero hoy ya tienes pescado para cenar? No hay problema: cómpralo y lo congelas. Así se para el reloj de la caducidad. Cuando lo descongeles estará en perfecto estado para cocinar y consumir.

Alerta: técnicas del súper para tentarte

Los supermercados utilizan diversas tácticas de marketing para impulsarnos a comprar alimentos superfluos y pobres en nutrientes que no necesitamos en una alimentación cotidiana saludable. O que, al menos, deberíamos consumir lo menos posible. Estos son algunos de los trucos que usan para engatusarnos:

– Una de las tácticas más conocidas es la de colocar chocolatinas y *snacks* cerca de las cajas de pago. De esta forma, aunque estemos a punto de pagar tras finalizar la compra, siempre quedará un pequeño hueco para añadir al carrito ese capricho de última hora.

– Otra técnica clásica de los supermercados consiste en ubicar al fondo de sus establecimientos los productos de primera necesidad, como leche, pan, huevos o, incluso, el papel higiénico. Así, aunque solo acudas al supermercado a por alguno de estos productos, te pasearás por otros pasillos y estantes que llamarán tu atención.

– También es habitual colocar a la altura de los ojos aquellos productos que interesa vender más. Esto provoca que nos demos cuenta con mayor facilidad de los alimentos que están ahí, mientras que otros estantes inferiores quedarán más alejados de nuestra retina.

– Megafonía. Es fácil que cada cierto tiempo suene la melodía del supermercado y una voz agradable nos recuerde que hay ofertas en la sección de panadería, charcutería o lo que sea. Suelen ser bastante convincentes, como si fuera la voz de tu conciencia recordándote que cometes una tontería si te vas a casa sin esa bolsa de magdalenas con pepitas de chocolate que hoy, y solo hoy, está al cincuenta por ciento.

– Finalmente, en los frontales de los lineales de cada pasillo es fácil que coloquen ofertas muy vistosas y tentadoras, muchas veces, acompañadas de regalos. Es el caso de las cajas de veinticuatro latas de Coca Cola, el paquete de tres cajas de galletas, los donuts con regalo de una pulsera para medir la actividad física diaria… Valora si realmente los necesitas y si es una oferta real o es el mismo precio de siempre.

CÓMO LEER LAS ETIQUETAS DE LOS ALIMENTOS SIN QUE TE ENGAÑEN

Ir a la compra se ha convertido en una especie de yincana en la que tienes que ir con cien ojos para no comprar cosas que no quieres, no salirte de tu presupuesto y, encima, llegar a casa con una compra razonablemente saludable. Sí, querido lector, hacer la compra en tiempos de la industria alimentaria y el *marketing* se ha convertido en una actividad a la que hay que dedicar tiempo y estar siempre alerta.

Sobre todo, hay que saber leer e interpretar todos los mensajes e informaciones que aparecen en los envoltorios de los alimentos. No es que los frescos y a granel no tengan que llevar etiquetado (luego iremos a ello), pero cuando hay envase —del tipo que sea— hay más espacio para colar mensajes publicitarios e información nutricional.

INFORMACIÓN NUTRICIONAL: ¿SABES QUÉ ESTÁS COMIENDO?

La información nutricional es obligatoria desde hace más de diez años. Y es consecuencia de una industria alimentaria tan avanzada que muchas veces no sabemos qué llevan los alimentos que compramos. El paquete puede tener fotos o dibujos de ingredientes que apenas aparecen en la fórmula final, o que solo son producto de aromas sintéticos (un ejemplo reciente son las patatas con sabor a huevo frito, a jamón…). Hace medio siglo a nadie se le ocurría vender como patatas fritas algo que no fueran patatas fritas. Tampoco había tecnología para hacerlo. Las famosas Pringles, por ejemplo, no son patatas fritas, sino el resultado de laminar una pasta a base de copos de patatas, harina de arroz y derivados diversos del trigo. Parece patata, sabe a patata, pero, desde luego, no es patata.

Ante la paradoja de productos que parecen ser lo que no son, las autoridades sanitarias decidieron que había llegado la hora de que la industria alimentaria mostrara sus cartas al comprador. No pasa nada porque una lasaña de carne lleve cerdo y no ternera de Ávila, pero hay que avisarlo. El fabricante debe declarar qué nutrientes lleva su producto sin trampa ni cartón. Sinceridad plena en este apartado.

Sin embargo, tiene bastante libertad para meter otros mensajes en el resto del envoltorio, insertar fotos que conduzcan a engaño o utilizar tipografías y colores que maquillen el producto, haciendo pasar un producto poco saludable por un compendio de virtudes. En este sentido, se aprovechan de que los consumidores están más preocupados por la salud que nunca, pero que no dominan la terminología o las implicaciones de cada término.

Te pongo un ejemplo muy inmediato para que veas a lo que me refiero. Ves un paquete de galletas. En el frontal del paquete, en letras grandes y amarillas, pone 'con miel natural de abejas'. Puede que hasta acompañado del dibujo de una simpática abeja afanada en llevar miel al panal.

¿Es mejor la miel 'natural'?

Toda la miel es natural y de abejas. Aún no se han inventado máquinas que la fabriquen con el mismo esmero que estos simpáticos insectos. Sin embargo, al leerlo te imaginas que va a ser algo muy saludable, sin químicos tóxicos ni nada dañino. El fabricante no lo dice explícitamente, es tu cerebro el que hace las conexiones con la información que el fabricante te ha puesto en bandeja.

Seguimos con nuestras galletas. Más abajo pone 0 % azúcar añadido. ¿Es más saludable que lleve miel que si llevara azúcar? La miel, según nos recuerda la Organización Mundial de la Salud, contiene azúcares libres. Es decir, tiene el mismo efecto metabólico que si le hubieran puesto azúcar de mesa. ¿Pueden poner 0 % azúcar añadido? Por supuesto, porque la ley solo contempla poner 'con azúcar' cuando es sacarosa. No si es otro tipo de azúcar. ¿Quiere decir que esas galletas son malas? No. ¿Qué la miel es mala? En absoluto, de hecho está muy rica. Pero es un alimento que debe tomarse solo ocasionalmente y dentro de una dieta variada y saludable. Y lo mismo con las galletas. Que lleven miel o azúcar es anecdótico. Ambas son bollería industrial y deben tomarse de cuando en cuando.

Otro ejemplo: una barrita de chocolate con leche rellena de crema de cacahuete (Conguitos Peanut Cream). En el frontal del paquete pone 'crema fuente de proteínas'. ¿Equivale ese refrigerio a una rodaja de salmón, a un filete de ternera o a un huevo frito? En absoluto. Sigue siendo un dulce cargado de azúcar y bastantes grasas de no demasiada calidad, que debemos tomar solo ocasionalmente. ¿Pero acaso los cacahuetes no llevan proteínas? Claro que las llevan, pero si miras en la parte posterior en la etiqueta de información nutricional descubrirás que el ingrediente más abundante es el chocolate con leche, que, a su vez está formado, entre otros ingredientes, por azúcar y manteca de cacao. Los cacahuetes no son ni de lejos el ingrediente más abundante por lo que, difícilmente, vamos a poder considerar ese alimento como una proteína.

Como ves, leer etiquetas puede ser complicado. Desentrañar los mensajes de un paquete, misión para detectives de la nutrición. ¿Quieres ser uno de ellos? En este capítulo vamos a abordar qué puntos son de obligado cumplimiento según la legislación vigente en cuanto a las etiquetas de información nutricional y cómo se buscan la vida los fabricantes para que creamos que nos están vendiendo otra cosa. Mi objetivo es que, cuando vayas a un supermercado o a la tienda de la esquina, sepas interpretar correctamente las etiquetas con la información nutricional para que diferencies sin problemas entre comida chatarra y la verdaderamente saludable.

¿A QUÉ OBLIGA LA LEGISLACIÓN VIGENTE?

Para que el consumidor sepa qué compra, la legislación obliga a todos los fabricantes de productos envasados a incluir una etiqueta con información nutricional. En ella vas a encontrar datos tan relevantes como:

1. Ingredientes

2. Valor nutricional

3. Origen del alimento

Esta información no puede ponerse de cualquier manera. El fabricante debe ceñirse a unas reglas de juego explicitadas en el Reglamento (UE) N° 1169/2011 sobre la Información Alimentaria Facilitada al Consumidor, que es el que regula el etiquetado de los productos envasados. El objetivo es proteger el derecho de cada consumidor a comprar teniendo información real sobre el producto para que tome decisiones con conocimiento de causa.

En los primeros años de la puesta en marcha de este sistema se detectaron bastantes abusos. Uno muy frecuente era ponerlo en una tipografía enana, lo que en el colegio llamábamos letra de pulga, tan pequeño que había que dejarse los ojos para leerlo. O esparcían todos los datos por distintos lugares del paquete, haciendo la tarea bastante tediosa de leer porque nadie quiere jugar al ¿Dónde está Wally? con un paquete de cereales para el desayuno.

Para controlar tantos desmanes y poner firmes a los fabricantes, en los años posteriores se añadieron modificaciones para favorecer la claridad de la información. Por ejemplo, se obliga a que toda la información esté en el mismo campo visual, que el tamaño de letra cumpla unos mínimos para ser legible, que se informe de los alérgenos o que se indique expresamente la cantidad de sal (y no solo del sodio).

¿Qué debe llevar la etiqueta?

En la web de la Agencia Española de Seguridad Alimentaria y Nutrición (AESAN) encontramos un listado con la información obligatoria de los productos envasados. Debe aparecer de forma clara, legible y en castellano:

Denominación. Indica qué es exactamente lo que se ofrece. Debe incluir la denominación legal del alimento, y si esta no existe, se utiliza la denominación habitual o descriptiva, de forma que podamos saber en todo momento de qué se trata.

Ingredientes. La lista de ingredientes (de mayor a menor peso) incluye las sustancias o productos que se utilizan en la fabricación del alimento y que permanecen en el producto final. Es obligatoria excepto en algunos productos, como por ejemplo los que proceden de un solo ingrediente: frutas, hortalizas y patatas sin manipular; vinagres de fermentación sin otros ingredientes añadidos; queso, mantequilla, leche y nata fermentada sin ingredientes añadidos en el proceso; y bebidas que tengan más de 1,2 % en volumen de alcohol.

Alérgenos. Se destacan todas las sustancias usadas en la fabricación y presentes en los productos causantes de alergias o intolerancias. Los más habituales son frutos secos, soja, leche y huevos.

Cantidad neta. La cantidad se expresa en litros, centilitros, mililitros, kilogramos o gramos, según el tipo de producto.

Fechas duración/caducidad. La fecha de duración es la fecha hasta la que el alimento conserva sus propiedades: «Consumir preferentemente antes del…», seguido del día/mes/año o «consumir preferentemente antes del fin de…», seguido de mes/año o solo año. La fecha de caducidad aparece en productos muy perecederos, como el pescado fresco o la carne picada: «fecha de caducidad…» seguido del día/mes y eventualmente el año.

Conservación y utilización. Se indicarán pautas cuando el alimento tenga unas condiciones especiales de conservación y/o de utilización. Por ejemplo, el «una vez abierto, consérvese refrigerado».

Empresa. Se indica el nombre o la razón social y la dirección de la empresa alimentaria.

País de origen / lugar de procedencia. Obligatorio en algunas circunstancias. En las carnes envasadas de algunas especies (ovino, porcino, caprino y aves de corral) es obligatorio facilitar información sobre el país de origen o el lugar de procedencia. Reglamento de Ejecución (UE) Nº1337/2013 de la Comisión.

Modo de empleo. Debe indicarse de forma que permita un uso apropiado del alimento, en caso de que fuese difícil sin esta información.

Alcohol. Se indica el volumen de alcohol (% vol.) en las bebidas que tengan más de un 1,2 %.

Información nutricional. La información nutricional incluirá el valor energético y las cantidades de grasas, grasas saturadas, hidratos de carbono, azúcares, proteínas y sal.

No dejes que las afirmaciones del frente te engañen

Uno de los mejores consejos para salir indemne del supermercado puede ser ignorar por completo los reclamos en el frente del empaque. Las etiquetas frontales son como cantos de medusas: bellos, atractivos y, en muchas ocasiones, bastante engañosos.

Es frecuente que nos intenten atraer a comprar tal o cual producto haciendo declaraciones de propiedades saludables, del tipo «sin azúcar añadido», «con cinco vitaminas y hierro», «más ligeras y cremosas»… La psicología al servicio del *marketing* pone a prueba la agudeza visual de los consumidores y su capacidad para separar el polvo de la paja en un paquete. De hecho, agregar declaraciones de propiedades saludables en las etiquetas frontales hace que las personas crean que un producto es más saludable que el mismo producto que no incluye declaraciones de propiedades saludables. Esta información condiciona mucho la elección final. A fin de cuentas, ¿qué padre o madre no va a querer comprar para su retoño unas galletas enriquecidas con hierro y 'chorrocientas' vitaminas claves para el crecimiento de su hijo? Que son galletas llenas de azúcar, no importa. ¡Tienen hierro!

El reglamento cita explícitamente que se debe evitar «cualquier práctica que pueda inducir a engaño al consumidor». En el artículo 20, se dice expresamente: «La legislación sobre información alimentaria debe prohibir el uso de información que pueda inducir a engaño al consumidor, en especial en cuanto a las características de los alimentos o sus efectos o propiedades, o atribuir propiedades medicinales a los alimentos. Para ser eficaz, dicha prohibición debe extenderse a la publicidad y la presentación de los alimentos».

No hace falta pasarse mucho tiempo en cualquier tienda de alimentación de productos envasados para darse cuenta de que los fabricantes suelen caminar por el filo de lo fraudulento con demasiada frecuencia. Los ejemplos incluyen muchos cereales para el desayuno con alto contenido de azúcar, pero muchas vitaminas, hierro y fibra; bebidas con propiedades 'sospechosas', *snacks* con más vitaminas que una fruta o bollería que, si no fuera por algo de sentido común, creeríamos que es la panacea para que nuestros hijos crezcan sanos, fuertes y guapos. A pesar de lo que pueda implicar la etiqueta, repetimos, estos productos no son saludables.

Lo que ves en el frontal vs. lo que realmente es

Te voy a poner dos ejemplos de alimentos que seguro que tienes en la nevera y que no son exactamente lo que creías al comprarlos. Pero, ¡tranquilo!, son perfectamente seguros y comestibles. Y otro más que no es todo lo saludable que creías.

Queso fundido para sándwich. En el frontal ves la foto de un sándwich con su queso derretido y jugoso, puede que hasta una vaca. Los clásicos *Tranchettes*, vamos. Si te fijas, en la parte delantera no pone la palabra 'queso' por ningún lado. Todo lo más, la palabra 'lonchas'. Pero tú entiendes perfectamente que se trata de queso en lonchas para fundir. Al darle la vuelta y mirar la etiqueta, ¡sorpresa! no es queso propiamente dicho, sino 'queso fundido', un producto específico cuyos ingredientes principales son queso y sales fundentes, pero que ya puestos puede llevar condimentos, colorantes...

Burger meat. Las bandejas de carne picada del súper no son carne picada como la que compras a tu carnicero. Y eso que son transparentes y tú puedes ver la carne perfectamente picada a través del film protector. Y suelen llevar un dibujo de una vaca o un cerdo, para dejar clara la procedencia. Si no, pondrá vacuno o cerdo. ¿Cómo que eso no es carne picada monda y lironda si la estamos viendo ante nuestros ojos? En realidad, lo que ves es un preparado de carne que consiste, efectivamente, en la propia pieza de carne picada, a la que se añaden otros productos alimenticios, condimentos o aditivos. No alteran la estructura de la fibra muscular y, por lo tanto, no eliminan las características de la carne fresca. Pero no es carne 100 %. El Real Decreto 474 / 2014 establece que este tipo de preparados se denominen burger meat y no carne picada. ¿Qué tipo de aditivos puede llevar? Pues, por ejemplo, E-120 (cochinilla, ácido carmínico y carmines) o E-129 (Rojo allura AC) para que se siga viendo roja pese a estar picada (al haber más superficie en contacto con el oxígeno tiende a coger un tono más grisáceo). ¿Es segura? Al 100 %, ya que todos los aditivos deben estar autorizados y supervisados por las autoridades sanitarias en materia de seguridad alimentaria.

Patrocinador del equipo olímpico. Cada vez que hay un gran evento deportivo, como un mundial o los Juegos Olímpicos, las marcas intentan patrocinar a los deportistas o equipos con posibilidades de triunfo. El objetivo no es que el consumidor asocie las propiedades de ese alimento al esfuerzo y otros valores deportivos, sino que crea que realmente esos atletas comen ese alimento a diario (ya sea una bebida de leche con chocolate, galletas, cereales de desayuno o un refresco azucarado). La realidad es que no es así. En 2022, los deportistas cuidan muchísimo su dieta, cuentan con preparadores físicos que vigilan al milímetro lo que comen o dejan de comer y no suelen incluir demasiada bollería industrial ni alimentos procesados.

Estudia la lista de ingredientes

Los ingredientes del producto se enumeran de mayor a menor cantidad. Esto significa que el primer ingrediente de la lista es el que más se ha utilizado para realizar ese producto. Si pone 'chocolate a la taza' en el frontal, pero en la etiqueta posterior en la lista de ingredientes el primero es azúcar, ya sabes lo que hay: en cada cucharada estarás tomando más azúcar que cacao. Aunque la taza del frontal del paquete muestre un cacao oscurísimo y con *pintaza*.

Una buena regla general es observar los primeros tres ingredientes, ya que constituyen la mayor parte de lo que vamos a comer. Si los primeros ingredientes incluyen algún tipo de azúcar, aceites hidrogenados, harinas refinadas o cualquier palabro que no sea lo que creemos que vamos a comer, puedes asumir que el producto no es saludable.

En su lugar, intenta elegir alimentos que incluyan como primer ingrediente porcentajes altos de lo que creemos vamos a comer. Me explico: si compras jamón cocido, que el primer ingrediente sea carne de cerdo (por ejemplo, 85 % cerdo), o si es pan integral, que lleve, sobre todo, harina integral de trigo.

Cuantos más ingredientes, más procesado

Una lista de ingredientes de más de dos o tres líneas sugiere que el producto está altamente procesado, lo ideal serían un máximo de cinco ingredientes.

CUIDADO CON LOS TAMAÑOS DE LAS PORCIONES

La legislación obliga a que los fabricantes declaren la composición nutricional de los alimentos en un tamaño estándar, ya sea por cada cien gramos o cada cien mililitros. De esta forma, el consumidor puede comparar entre distintas marcas, independientemente del tamaño del paquete. Opcionalmente, el fabricante puede añadir indicaciones complementarias referidas a porciones de otros tamaños.

Esto quiere decir que puede añadir la información nutricional de una sola galleta, de una ración de cereales de desayuno o de patatas fritas. ¿Cuándo lo hacen? Cuando les beneficia a ellos. Por ejemplo, suelen sugerir que la ración de patatas fritas son solo treinta o cuarenta gramos. Lógicamente, en este caso, al fabricante le conviene añadir ese dato porque supone dejar solo una tercera parte de las grasas y las calorías del producto.

Sin embargo, estos tamaños de porciones suelen ser mucho más pequeños de lo que las personas consumen de una sola vez. Imagina que abres una bolsa de patatas fritas de las que compras en el súper (pongamos de 220 g el paquete). ¿En serio te paras cuando notas que has ingerido solo treinta gramos o sigues hasta meterte entre pecho y espalda bastante más?

El ejemplo nos vale también para las latas de refrescos (330 ml), los yogures (120 g)… En este caso, a los fabricantes les conviene citar solo la información por cien gramos y no la del producto completo, que es bastante más. De esta forma, intentan suavizar la realidad a los consumidores, haciéndoles pensar que la comida tiene menos calorías y azúcar.

Muchas personas desconocen este esquema de tamaño de porción, asumiendo que todo el recipiente es una sola porción, cuando en realidad puede constar de dos, tres o más.

Para conocer el valor nutricional de lo que estás comiendo, de lo que pones en tu plato, debes multiplicar la porción que se da en el reverso por la cantidad de porciones que vas a consumir. Un ejemplo fácil de visualizar son los paquetes de cereales. La ración sugerida es treinta gramos, pero en la práctica es muy difícil echar esa cantidad. Se suele consumir de media unos noventa, por lo que deberías multiplicar por tres el valor de referencia que hay en la caja.

LAS AFIRMACIONES MÁS ENGAÑOSAS

Hay ciertas palabras que evocan en nosotros cualidades saludables, sin que sean especialmente mejores que otros alimentos que no incluyan esas palabras. La industria alimentaria lo sabe y no duda en echar mano de esas declaraciones de propiedades 'saludables' en los alimentos envasados para llamar tu atención y convencerte de que el producto es mejor que el de la competencia. Incluso, que es tan bueno como otros alimentos que sí sabemos que son saludables.

Estas son algunas de las afirmaciones más comunes y lo que significan:

Light

Los productos *light* se procesan para reducir las calorías o la grasa. Algunos productos simplemente se diluyen.

Comprueba atentamente si se ha agregado algo en su lugar, como azúcar o agua.

También conviene comprobar si sigue siendo el mismo alimento o nos lo han cambiado. Por ejemplo, las patatas *light* incluyen harina de patata.

Que se vendan como *light* no significa que no engorden, ni que sean muy saludables. Unas patatas fritas *light* siguen siendo un alimento de consumo esporádico.

Multigrano, multicereal

Esto suena muy saludable, pero solo significa que un producto contiene más de un tipo de grano. Lo más probable es que se trate de granos refinados, a menos que el producto esté marcado como integral.

Natural

Esto no significa necesariamente que el producto se parezca a algo natural. Simplemente indica que en un momento el fabricante trabajó con una fuente natural, como manzanas o arroz.

Orgánico, bio

Esta etiqueta dice muy poco sobre si un producto es saludable. Por ejemplo, el azúcar orgánico sigue siendo azúcar.

El sello orgánico o bio solo hace alusión al modo de cultivo o cría. Apela a la quimiofobia, muy extendida entre algunos consumidores que creen que los alimentos llevan químicos tóxicos. No es así. Todos los colorantes, conservantes y demás aditivos se someten a un estricto control por parte de las autoridades de seguridad alimentaria, que determinan cuáles son aptos para consumo alimentario y sus porcentajes máximos.

Sin azúcar añadido

Algunos productos son naturalmente ricos en azúcar. El hecho de que no tengan azúcar agregado no significa que sean saludables.

Es posible que también se hayan añadido sustitutos del azúcar no saludables o igualmente poco saludables. Es el caso de la polémica pasta de dátil.

Bajo en calorías

Los productos bajos en calorías deben tener un tercio menos de calorías que el producto original de la marca. Sin embargo, la versión baja en calorías de una marca puede tener calorías similares a la original de otra marca.

Bajo en grasa

La grasa no son calorías sin más. Aporta textura y palatabilidad. Al quitarla, los alimentos se quedan insípidos, poco apetecibles. Para evitarlo se reduce a costa de agregar más azúcar. Ten mucho cuidado y lee la lista de ingredientes.

Bajo en carbohidratos

Recientemente, las dietas bajas en carbohidratos se han relacionado con una mejor salud. Aun así, los alimentos procesados que están etiquetados como bajos en carbohidratos generalmente siguen siendo similares a los alimentos procesados bajos en grasa.

Elaborado con cereales integrales

El producto puede contener muy pocos cereales integrales. Verifique la lista de ingredientes: si los granos integrales no están en los primeros tres ingredientes, la cantidad es insignificante.

Fortificado o enriquecido

Esto significa que se han agregado algunos nutrientes al producto. Por ejemplo, la vitamina D a menudo se agrega a la leche. Sin embargo, el hecho de que algo esté fortificado no lo hace saludable.

Fortificar es, de hecho, la forma más fácil de maquillar un producto poco saludable, como bollería o embutidos, y hacerlo parecer un alimento ideal.

Sin gluten

Sin gluten no significa saludable. El producto simplemente no contiene trigo, espelta, centeno ni cebada.

Muchos alimentos sin gluten están altamente procesados y cargados de grasas y azúcares no saludables. Si no tienes celiaquía no hace falta que tomes alimentos sin gluten.

Con sabor a frutas

Muchos alimentos procesados tienen un nombre que se refiere a un sabor natural, como el yogur de fresa. Sin embargo, es posible que el producto no contenga fruta, solo productos químicos diseñados para saber a fruta.

A pesar de estas palabras de advertencia, muchos alimentos verdaderamente saludables son orgánicos, integrales o naturales. Aun así, el hecho de que una etiqueta haga ciertas afirmaciones no garantiza que sea saludable. Te va a tocar indagar un poco en cada alimento.

LOS ALIMENTOS FRESCOS O A GRANEL TAMBIÉN TIENEN QUE EXHIBIR ETIQUETAS

Nos hemos centrado en los alimentos envasados porque es donde más espacio hay para incluir tentaciones, despistar al consumidor e inducir a equívocos. Pero en los productos frescos también debe haber un etiquetado mínimo que debe estar a la vista del comprador en el establecimiento.

Pescado

Si el pescado es fresco o congelado a granel, el pescadero debe tener una etiqueta bien legible ya sea en el embalaje o en una tablilla o cartel donde se debe indicar:

– Nombre comercial. La norma obliga a incluir el nombre científico junto al común. De esta forma se evitan confusiones con especies que se llaman de una forma en una región y de otra, dos pueblos más allá.

– Método de producción. Tipo de arte de pesca usado para su captura (pesca extractiva, pescado en aguas dulces, criado o de acuicultura, marisqueo…).

– Nombre de la zona de captura o cría. Indica la zona dónde se capturó. Puede aparecer un número de zona FAO o el nombre de la zona del mar de donde viene. La zona de captura influye en las cualidades organolépticas del propio animal, así como en su huella de carbono.

– Modo de presentación (eviscerado, con o sin cabeza, cocido, fileteado, descongelado, otros).

– Peso neto (solo si es envasado).

– Fecha de captura y desembarco. Es una información útil para saber la frescura, pero no es obligatoria.

Fruta y verdura
En la fruta y verdura a granel debe aparecer, bien en una etiqueta adherida al alimento o en un letrero junto a él, la siguiente información:

– Denominación de producto. Por ejemplo, naranja.

– Zona de origen. Valencia, Castellón…

– Precio por kilo. El que sea.

– Categoría (opcional). 1.

– Variedad (opcional). Navelina, salustiana…

– Calibre (opcional). El que sea.

Se pueden incluir asimismo los sellos de Indicación Geográfica Protegida (IGP) o el sello europeo de Producción Ecológica (la hoja verde con las estrellas de la UE). Opcionalmente, el sello europeo puede ir acompañado del sello del Consejo

Regulador Autonómico. Estos consejos son de carácter público y se encargan de auditar a los productores.

Carne

El etiquetado de la carne de vacuno está regulado por el Real Decreto 1698/2003, de 12 de diciembre, por el que se establecen disposiciones de aplicación de los reglamentos comunitarios sobre el sistema de etiquetado de la carne de vacuno.

En el etiquetado de la carne deben figurar las siguientes menciones de forma obligatoria:

– Nombre del producto (denominación comercial de la pieza con referencia a la clase o tipo de canal de procedencia).

– Precio por kilo.

– Origen.

En el caso de carne de vacuno, además se indicará:

– Número de referencia o código que debe relacionar inequívocamente la carne con el animal del que procede (N° crotal/lote).

– País de nacimiento.

– País o países de engorde.

– País de sacrificio y número de autorización sanitaria del matadero.

– País de despiece y número de autorización de la sala de despiece (si la carne pasa por esta sala: en ocasiones el despiece se produce en el propio matadero y no es necesario).

– Edad de sacrificio. En terneros de edad inferior a doce meses.

DIFERENTES NOMBRES PARA EL AZÚCAR

El azúcar tiene innumerables nombres, muchos de los cuales es posible que no reconozcas. Los fabricantes de alimentos utilizan esto para su beneficio al agregar deliberadamente muchos tipos diferentes de azúcar a sus productos para ocultar la cantidad real.

Al hacerlo, pueden incluir un ingrediente más saludable en la parte superior (como estevia), mencionando el azúcar más abajo. Entonces, aunque un producto puede estar cargado de azúcar, no necesariamente aparece como uno de los primeros tres ingredientes.

Para evitar consumir una gran cantidad de azúcar accidentalmente, ten cuidado con los siguientes nombres de azúcar en las listas de ingredientes:

Tipos de azúcar: azúcar de remolacha, azúcar moreno, azúcar de maíz, azúcar de caña, azúcar en polvo, azúcar de coco, azúcar de dátiles, azúcar dorado, azúcar invertido, azúcar moscovado, azúcar en bruto orgánico, azúcar raspadura, jugo de caña evaporado o azúcar en polvo.

Tipos de jarabe: jarabe de algarroba, jarabe dorado, jarabe de maíz con alto contenido de fructosa, miel, sirope de agave, jarabe de malta, jarabe de arce, jarabe de avena, jarabe de salvado de arroz y jarabe de arroz.

Otros azúcares añadidos: malta de cebada, melaza, cristales de jugo de caña, lactosa, edulcorante de maíz, fructosa cristalina, dextrosa, malta en polvo, maltitol, fructosa, jugo concentrado de frutas, galactosa, glucosa, maltodextrina y maltosa.

Existen muchos más nombres para el azúcar, pero estos son los más comunes. Si ves alguno de estos en los primeros lugares de las listas de ingredientes, o varios tipos en la lista, entonces el producto tiene un alto contenido de azúcar añadido.

Vamos a verlo en un producto en concreto. He elegido un 'chocolate negro 92 %' en el que en el frontal del paquete dice '0 % azúcares añadidos'. Vamos a la lista de ingredientes y vemos esto:

Ingredientes: Pasta de cacao, cacao desgrasado en polvo, edulcorante: maltitol, manteca de cacao, emulgente: leticina de soja, edulcorante: glucósidos de esteviol (0,003 %)*.

* Expresado como equivalentes de esteviol

En otras palabras, la estevia es solo una pequeñísima parte del endulzante. Lo que endulza realmente es el maltitol, un edulcorante habitual de la familia del xilitol y el sorbitol. Por cierto, hay estudios[3] que apuntan que los azúcares del maltitol se absorben igual que los de la sacarosa o azúcar común. Es decir, que si queremos rebajar calorías con un sustituto del azúcar, lo mismo no conseguimos nada.

---

[3] Laurent Beaugerie, Bernard Flourié, Philippe Marteau, Pierre Pellier, Claire Franchisseur, Jean-Claude Rambaud, «Digestion and absorption in the human intestine of three sugar alcohols». *Gastroenterology 99*, n° 3 (1990): 717-723.

CALORÍAS, ¿SABES REALMENTE QUÉ SON?

Así a bote pronto seguro que has respondido que sí. ¿Qué persona en el mundo occidental no sabe qué son las calorías si es una palabra que leemos varias veces al día? Vas al supermercado y todo lleva impreso la palabra calorías. Pero es que, además, en muchos gimnasios nos ofrecen clases 'quemacalorías' y en los herbolarios nos tientan con productos que ayudan a perder peso porque también destruyen las calorías. Sin olvidar a esa amiga que te ve comiéndote unas croquetas y te suelta: «Si eso tiene un montón de calorías». En fin, que calorías es, sin duda, una de las palabras que más pronunciamos, leemos o escuchamos a lo largo del año.

El caso es que las calorías están de moda. La gente las cuenta, suma, resta, hace malabares para quitar de aquí y poner de allá. Hay quienes llega a obsesionarse con los números de las calorías, pensando que si son muchas es malo, y si son pocas, pues mucho mejor porque así se pierde peso. Se llega a conclusiones absurdas como que un refresco *light* es bueno porque tiene menos calorías que un plátano o que hay que quitar el chorretón de aceite de oliva virgen extra a las ensaladas porque así tienen menos calorías. Pero, ¿alguna vez te has preguntado qué es exactamente una caloría, qué supone para el cuerpo y cómo hay que trabajarlas para tener una buena relación con la comida?

En este capítulo vamos a descubrir qué son las calorías, por qué las necesitamos y, por supuesto, examinaremos la relación entre las calorías y el peso.

¿QUÉ ES UNA CALORÍA?

Una caloría es una unidad de energía y, para entendernos, la energía es la capacidad que tiene algo para realizar una acción. Cuando ingerimos alimentos, estos nos aportan calorías. Pues bien, esas calorías son la cantidad de energía que tu cuerpo recibe para hacer cosas como andar, trabajar, hacer la colada o respirar y dormir. Todas esas acciones necesitan una fuente de energía y, en el cuerpo humano, esa energía viene de las calorías.

Al igual que sucede con los gramos, los metros o los litros, la caloría es una medida exacta. Indica la cantidad de calor que se necesita para elevar la temperatura de un gramo de agua, un grado Celsius (1,8 grados Fahrenheit). Otra medida que también se utiliza para este mismo fin son los julios. Tal vez no te hayas fijado, pero a veces en la etiqueta de información nutricional, la información sobre la energía nos la dan en calorías (o kilocalorías) y kilojulios (Kj). Pues bien, una caloría equivale a 4,184 julios, que es una unidad común de energía utilizada en las ciencias físicas.

¿Calorías o kilocalorías?

Como recordarás de cuando estabas en el colegio, el prefijo 'kilo' significa mil. Un kilómetro son mil metros, un kilogramo son mil gramos y así sucesivamente. Una kilocaloría son, obviamente, mil calorías. ¿Quiere esto decir que una caja de galletas en la que la información sobre su aportación energética se exprese en kilocalorías es muchísimo más energética que otra que lo ponga en calorías?

En sentido estricto, sí. De hecho, lo correcto sería expresar siempre la cantidad de energía que proporciona cada alimento en kilocalorías. Pero, como ya hemos dicho, es una palabra que se usa tanto que hemos acabado simplificándola en el lenguaje coloquial de una forma poco ortodoxa. Decimos 'calorías' cuando, en realidad, estamos haciendo referencia a las kilocalorías. De hecho, si solo ingiriéramos la cantidad de energía que indican las calorías, serían tan poca que no tendríamos fuerza para nada.

Tendemos a asociar las calorías con los alimentos, pero se aplican a cualquier cosa que contenga energía. Por ejemplo, una garrafa (unos cuatro litros) de gasolina contiene unas 31 000 000 de calorías. Es su capacidad para generar calor una vez se prenda. En nuestro cuerpo también hay una combustión de energía en las células, aunque no nos salgan llamas de los brazos y las piernas. Por eso hablamos de 'quemar' calorías, porque esas calorías sirven de energía para que las células realicen sus actividades vitales.

Cuando vemos que un alimento tiene X calorías, indica que tiene la capacidad de producir X energía. Si leemos que una lata de refresco tiene doscientas calorías, significa que tiene esa capacidad de producir energía. En el polo opuesto tenemos los requerimientos energéticos de cada actividad humana. Todas y cada una de nuestras funciones vitales consumen calorías. Incluso dormir, suspirar, parpadear o respirar necesitan quemar calorías. Para que lo veas más claramente, nuestro cuerpo es como un coche. Con el motor al ralentí consume gasolina, pero no tanta como si aceleras y conduces a 120 kilómetros por hora.

Con el cuerpo pasa algo igual. Correr muy deprisa y cuesta arriba, nadar en aguas bravas o pedalear por un puerto de montaña necesitan más calorías que jugar a videojuegos, ver la tele o leer.

¿QUÉ HACEN LAS CALORÍAS?
En el anterior capítulo vimos que cada uno de los macronutrientes aporta una cantidad diferente de energía:

– 1 gramo de hidratos de carbono: 4 calorías

– 1 gramo de proteína: 4 calorías

– 1 gramo de grasa: 9 calorías

Las calorías totales de un alimento son el resultado de sumar las calorías que aportan cada uno de sus macronutrientes. Tal vez te preguntes por qué el cuerpo prefiere quemar hidratos de carbono antes que proteínas si le aportan la misma energía. La respuesta es que 'quemar' las calorías de los hidratos de carbono es muy fácil, pero para sacarlas de las proteínas el proceso (llamado 'ruta metabólica', vaya palabro, ¿verdad?) es más complicado. Es como si vas a una tienda y tienes el mismo objeto al alcance de la mano o en una estantería altísima a la que no llegas. En el primer caso, solo tienes que estirar la mano y cogerlo. En el segundo, te toca llamar a un dependiente, que coja una escalera, te lo baje, le des las gracias y él guarde la escalera. ¿Más fácil lo primero, verdad?

Bien, pues ya tenemos que hidratos de carbono, grasas y proteínas proporcionan cantidades distintas de energía y que el cuerpo prefiere usar unas antes que otras. También hemos visto que para hacer cualquier actividad, el cuerpo necesita calorías. Pongamos que con lo que has comido hoy tienes 2 500 calorías. Vas al trabajo en coche, no pisas el gimnasio y al llegar a casa te sientas a ver una serie en HBO. Este es el patrón normal de una persona sedentaria. Como son actividades que no requieren demasiada energía, a lo mejor al cabo de la jornada solo quemas 1 600 calorías. Pero has ingerido 2 500 divididas entre hidratos de carbono, grasas y proteínas. Vamos, que te sobran novecientas calorías. Si están en forma de hidratos de carbono (ese bollo de la merienda, por ejemplo) se transformarán en grasas para poderlas almacenar. Si están en forma de grasas (un bocata de panceta), directamente se guardan. Y aquí empezamos a tener un problema, porque el cuerpo se cree que aún seguimos en la época de las cavernas y que lo mismo te pasas una semana sin probar bocado. Para que no te mueras, almacena toda esa energía que no has consumido en armarios guardagrasas específicos, que son los adipocitos, células grasas que se almacenan con mimo por si un día hay que tirar de esas reservas. Muchos adipocitos llenos de grasa muy juntitos forman los michelines, que no son ni más ni menos, que nuestros armarios de energía. Ahí dentro hay miles y miles de calorías listas para quemar. Solo hace falta que haya actividad que las reclame.

Así de simple es la relación entre la ingesta calórica y el peso. Y por eso mismo los dietistas y nutricionistas somos tan pesados con lo de que hay que comer equilibrado y saludable, pero que también hay que evitar el sedentarismo y moverse. Haciendo más actividad física, quemamos más calorías. De hecho, si ingieres menos calorías de las que quemas (lo que llamamos 'generar déficit calórico') es cuando empiezas a perder peso. Aquí no hay milagros, ni elixires quemagrasas.

Los alimentos, ¿se prenden fuego dentro del cuerpo?

Si miramos la etiqueta nutricional en la parte posterior de un paquete de avena con azúcar, encontramos que tiene 160 calorías. Esto significa que, si vertiéramos esta avena en un plato, prendiéramos fuego a la avena y consiguiéramos que se quemara por completo (lo que en realidad es bastante complicado), la reacción produciría 160 kilocalorías (recuerda, se tiende a escribir calorías pero en realidad hablamos de kilocalorías). Con esas 160 kilocalorías se podría elevar la temperatura de 160 kilogramos de agua 1 grado centígrado.

Vamos a mirar ahora la composición nutricional de la avena. Veremos que tiene 2 gramos de grasa, 4 gramos de proteína y 32 gramos de carbohidratos, produciendo un total de 162 calorías (aparentemente, a los fabricantes de alimentos les gusta redondear hacia abajo). De estas 162 calorías, 18 provienen de grasas (9 cal x 2 g), 16 provienen de proteínas (4 cal x 4 g) y 128 provienen de carbohidratos (4 cal x 32 g).

Nuestros cuerpos 'queman' las calorías de la avena a través de procesos metabólicos, mediante los cuales las enzimas descomponen los carbohidratos en glucosa y otros azúcares, las grasas en glicerol y ácidos grasos y las proteínas en aminoácidos. ¡Vaya zafarrancho que se monta ahí dentro!, ¿no crees? Estas moléculas de glucosa, glicerol o aminoácidos acaban en el torrente sanguíneo, algo así como el tren que lleva los nutrientes y el oxígeno a todas y cada una de las células del cuerpo. Una vez que la célula recibe ese aporte de nutrientes reacciona con oxígeno para liberar su energía almacenada. Es otro tipo de combustión, aunque no haya fuego ni llamas.

¿HAY PERSONAS QUE QUEMAN MÁS CALORÍAS QUE OTRAS AL CABO DEL DÍA?

Pues sí. ¿Cómo? ¿Me quieres decir que mi vecino, haciendo lo mismo que yo, puede quemar 2 500 calorías y yo, con suerte, a lo mejor solo 1 800? Pues si tu vecino mide 1,80 metros, es varón, está muy musculado y tiene 30 años, y tú tienes 50, eres mujer, mides 1,60 metros y te tiras todo el día sentada, es muy posible que sí. Resulta que cada organismo requiere una cantidad diferente de energía para funcionar.

En las etiquetas nutricionales de los alimentos nos suelen indicar, por ejemplo, que una lasaña, una menestra o un filete aportan un porcentaje de las calorías del día. El caso es que esos valores porcentuales diarios se basan en una dieta de dos mil calorías, que es un promedio aproximado de lo que una persona necesita comer en un día. Pero resulta que tú no eres un ciudadano estándar. Tú eres María, Pedro, Santiago, Luisa... con tu edad, tu estatura, tu agenda diaria... Vamos, que tu cuerpo podría necesitar más o menos de dos mil calorías. La altura, el peso, el género, la edad y el nivel de actividad afectan tus necesidades calóricas.

Para saber cuántas calorías necesita tu cuerpo por día tienes que tener en cuenta:

– Tasa metabólica basal

– Actividad física

– Efecto térmico de los alimentos

Lo de la actividad física lo tienes claro: montar en bici quema más calorías que ver *Juego de tronos*. Nos quedan los otros dos conceptos, que requieren un poco de química y otro poco de clase de biología humana.

Tasa metabólica basal

Es lo que solemos conocer como que «Pepe tiene un metabolismo súper acelerado, que quema todo lo que come». Pues bien, lo que le pasa a Pepe es que su cuerpo en reposo necesita más energía que el de otras personas. Algo así como la energía que consume la nevera por la noche. No la abrimos, ni pierde frío, pero sigue funcionando porque tiene que mantener los alimentos a su temperatura. Ese consumo en reposo, sin hacer ninguna actividad, se conoce como tasa metabólica basal (TMB).

La TMB es la cantidad de energía que tu cuerpo necesita para funcionar en reposo. Te parecerá una tontería, pero no lo es. De hecho, tengo buenas noticias: representa alrededor del 60 al 70 % de las calorías quemadas en un día. ¿Cómo es posible quemar tanta energía sin darnos cuenta? Sencillamente porque son actividades que se hacen sin parar, como mantener el latido del corazón, la respiración de los pulmones, el funcionamiento de los riñones y la temperatura corporal estabilizada. También influye la cantidad de masa muscular que haya que mantener. Por eso, una persona con los músculos más desarrollados (por ejemplo, si haces pesas en el gimnasio) necesita más energía para conservar toda esa masa muscular. Es fácil de ver si te imaginas esos bíceps como un montón de células musculares pidiendo a gritos comida para seguir luciendo lustrosas.

En general, los hombres tienen una TMB más alta que las mujeres. Por eso, si eres mujer y comes lo mismo que tu pareja varón, tienes papeletas para coger peso, mientras él no.

Uno de los métodos más precisos para estimar la tasa metabólica basal es la fórmula de Harris-Benedict. Verás que el primer número en la ecuación para mujeres es 655. Es extraño, pero cierto.

– Varón adulto: 66 + (6,3 x peso corporal en libras) + (12,9 x altura en pulgadas) - (6,8 x edad en años).

– Hembra adulta: 655 + (4,3 x peso en libras) + (4,7 x altura en pulgadas) - (4,7 x edad en años).

Actividad física

El segundo factor en la ecuación, la actividad física, consume la siguiente cantidad más alta de calorías. La actividad física incluye todo, desde hacer la cama, a trotar, caminar, levantar objetos, agacharse... En general, moverse quema calorías.

Ahora bien, la cantidad de calorías que quemas en cualquier actividad depende de tu peso corporal. ¿Cómo puede ser eso? Es fácil: no cuesta lo mismo mover un mueble de dos kilos que una estantería de veinticinco. Con el cuerpo pasa algo similar: mover una anatomía ligera requiere menos energía que una más pesada. Y aquí tengo que darte una mala noticia. ¿Eres de los que en el gimnasio no metes tu peso en la cinta de correr para que sea un secreto entre la báscula y tú? Resulta que ese dato es imprescindible para que la máquina te diga exactamente cuántas calorías quemas tú y no una persona estándar de setenta años, que es lo que llevan programado por defecto. Si pesas 56 kilos y no se lo dices a la máquina, al final parecerá que has quemado más calorías de las reales. Y lo mismo en la clase de *spinning.* Ojo con este detalle, porque muchas veces sobreestimamos lo que quemamos en el gimnasio «porque la máquina marcaba tantas calorías» y no tenemos en cuenta que, con nuestro peso real, esas calorías serían bastantes menos.

El efecto térmico de los alimentos

Vamos con el último condicionante para saber cuántas calorías quemas en un día. El efecto térmico de los alimentos (o ETA) es la cantidad de energía que el cuerpo usa para digerir los alimentos que come. Sí, resulta que la digestión es un proceso largo y bastante costoso en términos de energía. Hacen falta calorías para descomponer los alimentos en sus elementos básicos para que el cuerpo pueda usarlos.

No todos los macronutrientes requieren el mismo gasto calórico. Como regla rápida, para calcular la cantidad de calorías que gastas en hacer la digestión, puedes hacer la cuenta de la vieja multiplicando la cantidad total de calorías que consumes en un día por 0,10 o restándole el 10 %. Pero como aquí queremos ver un poquito más en detalle las cosas, vamos a ver cuántas calorías necesitas para digerir cada macronutriente.

Proteínas

Seguro que has visto que algunos deportistas, como los 'machacas' que quieren marcar brazos, pectorales y abdominales, comen muchas proteínas. Pero no es para tener energía, sino porque favorece la ganancia y mantenimiento de masa muscular. Es decir, son los ladrillos con los que el cuerpo construirá esa tableta de abdominales que tanto gusta lucir en la playa.

Cada gramo de proteína contiene cuatro kilocalorías. Sin embargo, para poder metabolizarlas el cuerpo requiere un gasto calórico aproximado de entre un veinte y un treinta por ciento. Es decir, que si un filete aporta cien calorías y quisiéramos usarlas como fuente de energía, el cuerpo necesitaría emplear hasta treinta para poner en marcha el mecanismo que convierte esas proteínas en energía. Es una comisión enorme y el cuerpo, como ya hemos dicho, tiene un funcionamiento ahorrador, no anda por ahí despilfarrando calorías.

En su momento, planteamos la duda de por qué el cuerpo prefiere tirar de los hidratos de carbono y no de las proteínas, si aportan la misma energía. Pusimos el ejemplo de la estantería con cosas al alcance y otras que necesitábamos una escalera, ¿recuerdas? Bien, aquí tenemos la explicación científica. Las proteínas, en cuanto a su efecto térmico, se consideran el macronutriente menos eficiente. Es decir, antes de usarlas como energía, el cuerpo prefiere darles otro uso, como formar hormonas o reparar los músculos. Si has comido un filete, que es un alimento rico en proteínas, y por la tarde vas a correr, el combustible que use tu cuerpo es poco probable que lo saque de las proteínas de tu filete. En cambio, sí que puede usar los hidratos de las patatas que iban en la guarnición. Incluso la grasa de la carne.

Hidratos de carbono

Los carbohidratos son una buena gasolina. Son fáciles de usar y eficientes, por eso su principal función es el aporte de energía al organismo para realizar todas sus tareas y funciones a lo largo del día. Cada gramo de hidrato de carbono contiene cuatro kilocalorías.

Su efecto térmico oscila entre el cinco y el diez por ciento. Necesita una menor cantidad de energía en comparación a las proteínas.

Grasas

Las grasas de los alimentos (y también las de los michelines, que vienen a ser como los jugadores del banquillo a la espera de que el entrenador les dé la orden de entrar al terreno de juego) son un macronutriente muy interesante para el cuerpo. No solo aportan energía, también favorecen la absorción de vitaminas liposolubles (como la D, tan importante para sintetizar el calcio que necesitan nuestros huesos) y un gran número de funciones gracias a sus ácidos grasos esenciales.

Su efecto térmico está comprendido entre uno y tres por ciento Es el macronutriente con menor efecto termogénico. Cada gramo de grasa aporta nueve kilocalorías. ¿Qué significa eso? Que si has ingerido cien calorías con unos torreznos, el cuerpo solo usará una caloría, con suerte hasta tres, para convertir tus torreznos en energía. Es decir, te quedan 97-99 calorías para quemar mientras limpias la casa, haces la compra o corres un medio maratón. Si las comparamos con las proteínas, en las que de cada cien proteínas que entran en el cuerpo, treinta se van en esos procesos metabólicos para convertirlas en carburante, o las casi diez que necesitamos con los hidratos de carbono, empezamos a entender por qué es fácil que nos acaben sobrando grasas. Son tan eficientes para generar energía... que hay muchas probabilidades de que sobre. Y el cuerpo es como la casa de una abuela que vivió la posguerra: no se tira nada. Si sobran calorías, se guardan en el armario guardacalorías. O sea, en los michelines.

CALORÍAS, GRASA Y EJERCICIO

Llegados a este punto seguro que te arde la cabeza con tantos datos y tantas operaciones matemáticas con las calorías. Es un poco lioso, lo sé, pero había que contarlo para que veas que cuando alguien se plantea perder peso, o ganarlo, la respuesta no es única. No hay una única receta válida para perder peso porque Marisa, de veinte años, muy deportista, pero amante de la repostería, no está en la misma situación que Aurora, cincuenta años, con una menopausia que la trae por la calle de la amargura y un trabajo en el que está ocho horas sentada. Ni el de Juan, ni el de Ana, ni el de nadie. Cada persona es única, por eso es tan importante ponerse en manos de un profesional para controlar el peso.

¿Qué sucede si ingieres más o menos calorías de las que tu cuerpo quema? O ganas o pierdes grasa, respectivamente. Cada 3 500 calorías de más que ingieras, tu cuerpo las transforma en medio kilo de grasa. Es decir, en cuanto te sobran 7 000 calorías ya tienes un kilo de más. Dichos así los números parece algo improbable que te sobren tantas calorías. Lo cierto es que es más fácil de lo que parece. Pongamos que tu cuerpo consume al día 1 900 calorías. Pero entre pitos y flautas (vamos, el aperitivo, ese plato de macarrones carbonara con copete, las patatas fritas de media tarde…) cada día ingieres 2 400. Es decir, cada día te sobran quinientas calorías, que ya sabemos que el cuerpo es una abuela de las de no tirar y que van a acabar convertidas en grasa para guardar. Al cabo de una semana te has excedido 500 x 7 calorías, es decir 3 500. Ahí tienes tu medio kilo, directo a la barriga, cortesía de la madre naturaleza. Repite eso dos semanas seguidas y tendrás un kilo de más. Y dos al finalizar el mes. Es el superávit calórico, responsable de la obesidad, uno de los males que más complica la salud en los países occidentales.

También puede suceder al revés: que te vayas a *spinning* y quemes 500 calorías extras; o a boxeo; o que te metas una caminata de tres horas por el monte porque hace bueno. Si no varías tu dieta y quemas más energía de la que ingieres, tu cuerpo tiene que echar mano de las reservas. En una semana habrás quemado medio kilo extra.

Medio kilo a la semana

Los profesionales de la nutrición solemos recomendar no perder más de un kilo a la semana para que sea llevadero y evitar el temido efecto yoyó, que es lo que pasa cuando se pierden muchos kilos de golpe y el cuerpo, a la primera oportunidad, los recupera.

Quemar 300-500 calorías extras no es tan difícil. Basta con hacer algo de ejercicio, subir escaleras, caminar 30-60 minutos… Si a esto le sumamos una dieta en la que, por ejemplo, en vez de 1 900 calorías, ingiramos solo 1 700, el reto de perder ese medio kilo semanal no parece tan descabellado.

En cambio, esas dietas muy restrictivas que aportan solo quinientas calorías al día claro que logran que pierdas peso. Pero a costa de la salud, porque los alimentos no solo nos proporcionan calorías, también hay proteínas, vitaminas, minerales, fibra… Al recortar tanto lo que comemos, también recortamos en todos esos nutrientes. Y al cuerpo no le gusta que le quiten su suministro. Se queja (hambre), pone el motor al ralentí para gastar lo menos posible (cansancio, somnolencia, apatía) y aviva el ingenio para recuperar las reservas que con tanto esmero ha ido almacenando (efecto yoyó).

Aumenta tu tasa metabólica basal

Hemos visto que eso es la energía que gasta el cuerpo para que sigas vivo. Viene determinada por la edad, el peso, el sexo, pero también por tu nivel de actividad. El ejercicio aumenta nuestra tasa metabólica no solo mientras estamos resoplando en la cinta de andar. Nuestro metabolismo tarda un tiempo en volver a su ritmo normal. Para que nos entendamos, es como cuando en la peluquería ya no te dejan entrar a una hora, pero siguen atendiendo a los clientes que hay dentro. O como cuando en un restaurante ya no te dejan sentarte en una mesa porque han cerrado la cocina, pero los comensales que aún están en el local se pueden tomar un café.

Con el cuerpo sucede algo parecido. Tú paras de correr, bebes agua y te vas a la ducha, pero dentro de tu cuerpo el corazón aún anda como loco bombeando sangre para que lleguen a las células los pedidos de energía y nutrientes. Lo notarás porque aún tienes el pulso acelerado y sigues emitiendo calor. Aproximadamente en las dos horas posteriores al ejercicio, tu cuerpo quema una mayor cantidad de calorías que si no hubieras hecho nada de actividad física, aunque cuanto más extenuante haya sido el ejercicio, más tardarás en volver a la normalidad.

NO TODAS LAS CALORÍAS ALIMENTAN IGUAL

Mucha gente se pregunta si importa de dónde vienen sus calorías. En su forma más básica, si comemos exactamente la cantidad de calorías que quemamos y si solo estamos hablando de peso, la respuesta es no, una caloría es una caloría. Una caloría de proteína no es diferente de una caloría de grasa, son simplemente unidades de energía. Mientras quemes lo que comes, mantendrás tu peso. Si quemas más de lo que comes, perderás peso.

Pero si hablamos de nutrición, definitivamente importa dónde se originan esas calorías. El uso y aprovechamiento para muchas funciones que le va a dar tu cuerpo a las calorías no es igual si provienen de un plátano que de unas galletas. Los carbohidratos y las proteínas son fuentes de calorías más saludables que las grasas. Es como si me dices que una porción de pizza rápida que aporta quinientas calorías es igual que esas lentejas caseras, una rodaja de merluza a la marinera o un solomillo a la pimienta. ¿A que no es lo mismo?

Aunque nuestros cuerpos necesitan una cierta cantidad de grasa para funcionar correctamente (un suministro adecuado de grasa permite a tu cuerpo absorber las vitaminas que ingiere), un exceso de grasa puede tener graves consecuencias para la salud. Por eso las calorías diarias procedentes de grasas no deben superar el 30 % del total. Para verlo claramente, si comes 2 000 calorías al día, eso es un máximo de 600 calorías de grasa (67 g de grasa) al día.

Sin embargo, muchos médicos y nutricionistas ahora establecen el número máximo de calorías de grasas en el 25 % de nuestra ingesta calórica diaria. Eso es 56 gramos de grasa por día para una dieta de 2 000 calorías.

Para terminar, no todas las grasas son iguales. Las hay más saludables, como las insaturadas del aguacate, el aceite de oliva y las nueces, y otras que hay que evitar, como las grasas hidrogenadas, que son aceites tratados para que se comporten como la mantequilla. Abundan en la bollería industrial, los *snacks* y muchos platos precocinados.

MARIKONDIZANDO LA NEVERA

A veces veo neveras que son un auténtico zarzal y pienso que a Marie Kondo le daría un 'parraque' solo de verlas. Ya sabéis, ella es esa japonesa pizpireta que se ha hecho célebre ordenando armarios ajenos. Que llega a tu casa, pone cara de póquer al ver que aún guardas la sudadera del 'paso del ecuador de la facultad' y, con una elegancia digna de una *geisha*, se pone a tirar ropa como si estuviera poseída y te deja dos vaqueros, un jersey y un par de camisas, para que tengas de quita y pon. Y sanseacabó. En un 'pispás' pasas de tener una jungla entre perchas a un armario digno de revista de decoración. Escueto, sí, pero la mar de organizado.

Pero, ¿qué es lo peor que puede pasar en un armario desordenado? ¿Qué te tires dos años sin encontrar una camiseta porque se ha quedado atrapada entre dos cajones? ¿Qué acumules ropa del año de Matusalén que no te has vuelto a poner en las últimas dos décadas esperando que vuelva a ponerse de moda? ¿Qué sea el armario de un adolescente con ropa sucia hecha un gurruño entre ropa limpia?

Todo eso son pecados veniales en comparación con lo que puede suceder si no tienes la nevera organizada. Toparte con una camisa de hombreras de cuando Locomía triunfaba en discotecas no es tan grave como encontrar un jamón york caducado hace tres meses bajo una huevera o un tomate con moho que ha creado su propio ecosistema dentro del cajón de las verduras. O, peor aún, gastarte un buen dinero en filetes y que se echen a perder porque nadan en un líquido insalubre. O, si queremos elevar el grado de horror, que ese líquido gotee sobre esos macarrones que dejaste sin tapar.

Aquí ya no hablamos solo de caos. Hablamos de economía doméstica y de seguridad alimentaria, dos conceptos que deben brillar en nuestra cocina por el bien de nuestra salud y de la de nuestro bolsillo (veréis que repito mucho el concepto de no malgastar dinero, pero es la base de una buena economía doméstica). Hemos llamado a este capítulo *marikondizar* la nevera en homenaje a la alegre japonesa de los armarios. Porque nuestra nevera puede y debe estar limpia y bien ordenada. Te parecerá baladí, pero verás la de tiempo y euros que ahorras dedicando unos minutos a colocar, revisar y limpiar periódicamente tu nevera.

Lo primero, limpiar la nevera

Antes de ponernos a colocar la nevera, poseídos por el espíritu de Marie Kondo, hay que poner a punto ese espacio. Vamos, que hay que calzarse los guantes, agarrar la bayeta y limpiar. Tu refrigerador —el tuyo y el de todo 'quisqui'— no es un templo místico exento de suciedad. Cada día entran y salen bebidas y alimentos perecederos con jugos, olores, hojas que se secan y hasta tierra de la huerta si los has comprado frescos. No es malo, pero obliga a extremar la limpieza para eliminar restos de alimentos, prevenir la acumulación de malos olores y evitar la proliferación de bacterias o mohos que puedan poner en riesgo tu salud y la de los tuyos. De paso, ese momento de limpieza nos permite revisar fechas de consumo preferente o alimentos que hay que consumir a la de ya porque empiezan a ponerse malos. Piensa que cada alimento que está en tu nevera ha costado un dinero y no está la vida para desperdiciar euros por no pasar una bayeta a tiempo.

La siguiente pregunta es, vale, pero, ¿cada cuánto me pongo a limpiar y cómo? Vamos a distinguir entre dos limpiezas: la rápida —que haremos cada semana o cada quince días— y una en profundidad que, según nuestra capacidad de ensuciar, haremos cada uno o dos meses.

La limpieza semanal o cada quince días

En casa esta tarea la llevo a cabo el viernes por la tarde o el sábado por la mañana. ¿Por qué esta manía? Sencillo: es justo antes de la compra grande de la semana que, en casa, es los sábados. Ya sabéis, esa jornada en la que toca la ronda de mercado y supermercados. Otras veces cae en sábado por la tarde, si el domingo es día de mercado de productores o nos acercamos a alguna huerta de proximidad (si no lo hacéis aún, os lo recomiendo, porque los sabores y la variedad de productos que vais a encontrar no se pueden comparar con la compra en vuestro supermercado de barrio).

Como a medida que se acerca el fin de semana, el interior de la nevera empieza a vaciarse, esta limpieza semanal es un proceso rápido. El objetivo son esos restos de zumo, leche, gazpacho u horchata que han quedado en la balda de las bebidas, manchas de Coca Cola en la balda bajo el botellero porque 'alguien' metió la botella mal cerrada o las hojitas secas que se han caído de las acelgas.

Lo primero es desconectar el refrigerador, que al precio que anda el kilovatio no queremos desperdiciar ni un céntimo. Lo siguiente es retirar lo que hay en cada balda para pasar una bayeta humedecida con una mezcla de un litro de agua y dos cucharadas de bicarbonato sódico. Esta mezcla es suficiente para acabar con los posibles microorganismos que intenten acampar en las baldas. A continuación, pasa un paño seco para eliminar la humedad y vuelve a colocar todos los alimentos en su sitio. Esta es la forma más asequible y tradicional de limpiar neveras, la que nos enseñaron nuestras madres y que sigue funcionando. Actualmente, también se venden limpiadores en spray que huelen bien y simplifican bastante el proceso.

Esta limpieza rápida no lleva más de diez minutos si la hacemos justo la víspera de ir a la compra, cuando la nevera está más vacía que llena. Una vez hecho, conecta de nuevo el refrigerador y ¡listo!

Los cajones de la fruta y los de la carne son zonas especialmente críticas ya que pueden caer jugos, líquidos o quedar restos de alimentos que se pueden pudrir. Si no están muy sucios, vale con pasarles solo la bayeta y el bicarbonato. En caso de estar más sucios, habrá que hacer una limpieza más exhaustiva, como la que se recomienda cada uno o dos meses, pero cada semana.

El congelador, en este caso, lo dejamos para la limpieza grande porque el nivel de suciedad es siempre menor.

Cada uno o dos meses

Aquí el intervalo entre limpiezas viene determinado por lo mucho o lo poco que se ensucie el interior de tu frigorífico. Si tu alimentación se basa en pizzas precocinadas, fiambre y latas, tu colesterol y los niveles de glucosa tal vez sean preocupantes, pero tu nevera puede tirarse meses limpia como una patena. Si, como es deseable, priorizas alimentos frescos y siempre tienes a mano frutas y verduras frescas, se manchará bastante más. Si compras muchos alimentos frescos o recolectas directamente de la huerta tendrás que limpiar con mucha frecuencia para eliminar restos de tierra, hojas y hasta pequeños insectos que puedan ir escondidos entre las hojas de las espinacas.

El proceso de limpieza aquí es similar al anterior pero más minucioso. Puede que te lleve entre treinta minutos y una hora, así que resérvate este tiempo sin prisas y en un momento en que la cocina esté despejada.

1. Desenchufa la nevera.

2. Saca todo lo que haya en el interior.
Esta vez la limpieza será minuciosa y tardarás más, así que, si hace calor, mete en una bolsa de congelados o nevera portátil todos los alimentos que requieran refrigeración (fiambre, briks de leche abiertos, platos cocinados…). Las mejores horas para hacer esto son las primeras de la mañana. Aprovechas las temperaturas más bajas de la noche y que aún no se ha cocinado, por lo que hará menos calor.

Aun así, si estamos en verano puedes echar mano de condensadores de frío. Solo tienes que meterlos en el congelador la noche antes y por la mañana estarán listos para introducirlos en la bolsa o nevera donde conserves los alimentos mientras limpias. En cualquier caso, evita hacerlo si hay carne o pescado fresco.

3. Extrae las baldas, los cajones de la fruta y los estantes de la puerta.

Lávalos bien con jabón lavavajillas y un trapo, esponja o estropajo suave. Si hay manchas resecas (por ejemplo, restos de tomate) usa agua caliente. Una vez limpios, deja que se sequen y enfríen antes de volver a meterlos.

4. *¡Manos a la obra! ¡A limpiar!*
Ahora que el interior de la nevera está diáfano es el momento de limpiar a conciencia. Sobre todo, en esos recovecos donde se atrincheran restos de jugos, ese trocito de carne picada que rodó y nunca llegaste a encontrar o la pelusilla de los kiwis.

Es también momento de limpiar las gomas de las puertas. Ya sabes, esa especie de acordeón que ayuda a cerrar y mantener cerrada la puerta del frigorífico y que parece ideado para que se escondan restos de alimentos.
Aunque no es necesario hacerlo cada dos meses, cada cierto tiempo deberías subirte a una escalera y limpiar sobre la nevera. Es un lugar poco accesible y no quedan restos de alimentos, pero sí acumula grasa y polvo de la propia cocina.

5. Revisar y volver a guardar.
Una vez tienes refrigerador y congelador a estrenar, conéctalos de nuevo a la red. Si han perdido mucho frío y tienes los alimentos a buen recaudo en sus bolsas isotérmicas, es preferible dejar que baje la temperatura del interior antes de volver a meter los alimentos.

En cualquier caso, antes de volver a introducirlos, toca revisar fechas de consumo preferente y el estado de cada uno de los alimentos. Si llevan varios días abiertos, revisa el tiempo de consumo recomendado por el fabricante. Sucede, por ejemplo, con la leche o el tomate rallado para untar en las tostadas de desayuno.

Lo mismo con los alimentos ya cocinados. Los táperes con albóndigas, lentejas o los restos de pollo asado no tienen el don de la eternidad. Los guisos de carne duran entre dos y tres días; los de pollo, hasta cuatro y los de pescado o marisco, así como los de verduras, entre tres y cuatro. Cuanto más graso sea el plato, menos durabilidad, ya que la grasa tiende a ponerse rancia. La tortilla nunca más de 48 horas.

¡Ojo con el arroz!

¿Es más peligroso un triste táper de arroz hervido que uno de pollo en pepitoria? Esta pregunta es habitual en pisos de estudiantes, donde las tarteras de pasta hervida o de arroz pueden tirarse varios días en el refrigerador. Aunque no lo parezca, los platos de pasta, arroz y legumbres esconden un delicioso manjar para la bacteria Bacillus cereus: su almidón.

Esta bacteria resiste temperaturas superiores a los cien grados centígrados y, en pocas horas, prolifera con alegría si ese alimento rico en almidón, como la pasta o el arroz, tarda en enfriarse después de cocerlo y, encima, nos demoramos a la hora de meterlo en el refrigerador. Así, ese aparentemente inofensivo plato de arroz puede contener *Bacillus cereus* que nos causará una intoxicación alimentaria en forma de vómitos o náuseas.

Para evitar disgustos, la pasta, el arroz o las legumbres debemos consumirlos, como máximo, en el plazo de dos días.

¿CADA CUÁNTO DESCONGELAMOS PARA LIMPIAR?

El congelador se mancha menos que el resto de la nevera. Pero también conviene limpiarlo y revisarlo cada cierto tiempo. Lo recomendable es hacerlo cada seis meses o cuando la escarcha supere el medio centímetro de espesor. El proceso de limpieza es idéntico al de la parte de refrigerador, solo que aquí sí que es imprescindible guardar bien los alimentos en recipientes isotérmicos para que no se rompa la cadena del frío.

Si tu congelador no tiene tecnología *No Frost* (los que no forman escarcha) tendrás que poner un recipiente para recoger el agua resultante del hielo/escarcha al descongelarse. También puedes poner una toalla en el suelo para evitar que se encharque o tener una fregona a mano.

Una vez que el interior se haya atemperado, saca los cajones y límpialos como el resto de la nevera. Si no tiene cajones, pasa una bayeta para limpiar bien y eliminar restos de escarcha, alimentos o de agua. Cuando todo esté limpio y seco, conecta de nuevo el congelador y solo cuando alcance la temperatura necesaria, vuelve a meter los congelados.

La última vez que vino un técnico a reparar mi refrigerador, me recomendó descongelar siempre antes de que empiece el verano, que es cuando al refrigerador le cuesta más mantener el frío. Incluso si tu nevera, como es mi caso, es una combi *No Frost*, los conductos de aire pueden obstruirse. En ese momento, empieza a aparecer escarcha y los alimentos congelados pierden calidad. No es una avería propiamente dicha. Basta con descongelar, eliminar la escarcha y limpiar bien. Si hubiera alimentos con mucha escarcha, aprovecha para ponerlos en la lista de 'alimentos que hay que cocinar a corto plazo'.

ORDENANDO, QUE ES GERUNDIO

Ahora que tenemos nevera y congelador como una patena, es hora de *marikondizarlos*. Una nevera desordenada es comida que acaba pasándose de fecha porque no recordabas que estaba ahí. O fruta que echa moho porque la dejaste olvidada al fondo del cajón. Por no hablar de ese cajón de los alimentos olvidados que es el congelador, donde te puedes encontrar restos del cordero de Navidad haciendo la limpieza previa al verano.

Si Marie Kondo ordena los armarios por categorías de ropa, tamaños y colores, dentro de la nevera vamos a ordenar con arreglo a tres criterios:

Consumo preferente

Aquí vamos a hacer como el supermercado: pon a la vista lo más antiguo para consumirlo antes. Que has ido al súper a por yogures, pon los nuevos al fondo y ese de frutas que quedaba sin comer, más a la vista. De esta forma evitamos que se queden al fondo productos que se nos pueden pasar de fecha.

Por familias

Vamos a evitar que nuestra nevera se convierta en una yincana con productos similares desperdigados por las baldas. Las naranjas con las naranjas, los tomates con los tomates y los refrescos, otro tanto de lo mismo. El kétchup, la mostaza y la salsa barbacoa tienen que estar juntas, para que el día que hagas hamburguesas no tengas que revolver dentro del frigorífico buscándolas. Y lo mismo con los lácteos refrigerados: yogures, natillas y queso de Burgos, en la misma balda. O con los alimentos ya preparados (los famosos táperes). Es más fácil para consumir si los ves nada más abrir la nevera.

Ordenar por familias cumple, además, otra función: facilita mucho la tarea de hacer la lista de la compra porque de un vistazo ves todo lo que te hace falta.

¿Por qué en casa guardamos el kétchup en la nevera y en los restaurantes, no?

Seguro que te lo has planteado en alguna ocasión. Y la respuesta está en la propia fórmula de esta salsa, cuyos niveles de acidez, combinados con su contenido en sal y azúcar, la convierten en una salsa 'estable'. Esto significa que a temperatura ambiente (siempre que no sea a pleno sol y en ola de calor) a los microbios les cuesta proliferar en una botella de kétchup. Otra cosa es que pierda sabor, olor o se quede una textura reseca. Por esa razón, los fabricantes recomiendan refrigerar una vez abierto el envase.

¿Y en los restaurantes, por qué no lo hacen? Por el ritmo de consumo en un restaurante, un bote de kétchup no suele durar demasiado. Por eso, en muchas hamburgueserías siguen manteniendo los botes al aire libre, aunque también es cierto que por seguridad alimentaria cada vez es más frecuente que ofrezcan sobres monodosis. Que, por cierto, si te los llevas a casa, no hace falta que los guardes en la nevera mientras estén cerrados.

Por temperaturas
El refrigerador debe estar, como poco, a 5 °C. Por encima de esa temperatura la mayor parte de los microorganismos empiezan a proliferar comprometiendo seriamente la salud de quien los come. Esto quiere decir que se reproducen y, en menos que canta un gallo, una bacteria solitaria tiene ya todo un ejército de bacterias dispuestas a arruinar tu comida. Asegúrate de que tu refrigerador siempre esté, al menos, a esa temperatura. Puedes bajarla a 4 °C, e, incluso, a 3 °C en verano, en especial, antes de ir a la compra, ya que los alimentos recién llegados del mercado están a temperaturas muy por encima de esos cinco grados.

Sin embalajes innecesarios
Esa especie de fajín de cartón que a veces rodea a los paquetes de yogures o a las hueveras no aporta nada, ocupa espacio y complica lo de extraer los alimentos. Y lo mismo con algunas de las bandejas del súper. Sin embargo, algunas frutas u hortalizas, como las zanahorias, los arándanos o las judías verdes, se conservan mejor si las guardamos en bolsas de plástico perforadas porque conservan mejor su humedad natural. Esto lo veremos con más detalle en el capítulo siguiente, porque cada alimento tiene sus exigencias a la hora de acomodarse en tu nevera.

¿QUÉ GUARDO EN CADA PARTE DE LA NEVERA?
Cuando tienes ante los ojos una nevera limpia y vacía muchas veces dan ganas de llenarla por orden emocional, es decir, arriba las copas de chocolate con nata y abajo, que hay que agacharse y cuesta más, las acelgas. Este sistema le funcionaba al protagonista de *Alta fidelidad* para colocar sus vinilos según si le recordaban a una exnovia o si le ponían contento o triste, pero no es la mejor forma de organizar una nevera.

101

He conocido, incluso, gente que las ordena por colores, que no te digo que no quede *cuqui*, pero no es lo más recomendable. No es lo mismo un filete de pollo de corral, de esos con tono anaranjado, que una zanahoria o un puré de calabaza casero. Coinciden en el color, pero poco más.

Para asignar cada alimento a una u otra balda, hay que tener en cuenta sus necesidades de conservación y la temperatura que hará en cada lugar del refrigerador. Ya sabemos que el interior debe estar a 5 °C grados, pero lo cierto es que la temperatura no es uniforme. Hay zonas más frías que otras. También tenemos zonas con una forma determinada que nos va a dar pistas de cómo y dónde almacenar cada uno de los alimentos para que se conserven de la mejor manera posible.

Zona alta y media
Las baldas superiores guardan menos el frío y quedan muy a la vista. Son perfectas para dejar esos alimentos que ponen 'una vez abiertos, conservar en frío'. También para los platos cocinados en casa y que vamos a consumir en uno o dos días (boloñesa, platos de carne o pollo, purés, verduras cocinadas...). ¿Tienes muchos táperes iguales y luego te tiras un buen rato abriendo y cerrando tapas? Ten a mano etiquetas adhesivas y escribe el nombre de lo que haya dentro y la fecha, por ejemplo: «albóndigas de mamá / 7 de enero». No hace falta escribir el año, ya que los alimentos en la nevera rara vez deben estar más allá de una semana. Si te encuentras comida de hace un año, revisa tu relación con el refrigerador.

¡Enfría antes de refrigerar!
Recuerda que antes de meter un alimento cocinado en la nevera debe estar frío para no elevar la temperatura de los alimentos de alrededor. Si no hace mucho calor fuera y está en un recipiente cerrado, puedes sacarlo un rato a la ventana o dejarlo en la zona menos cálida de la cocina.

En verano, los alimentos tardan más en enfriar. Para evitar que puedan proliferar bacterias, hay que meterlos cuanto antes en la nevera. Una forma de acelerar el enfriamiento es dividirlos en varios recipientes pequeños.

¿Eres de los que cocina y luego se le olvida recoger la cocina? Este 'desliz' puede jugarte una mala pasada y acabar en intoxicación. Pongamos que te has hecho una boloñesa y ha quedado un poco en la sartén. Si solo ha estado dos horas o menos, la puedes pasar a un recipiente hermético y meterla en la nevera. En caso de que hayan pasado más de cuatro horas, no digamos ya si se ha tirado toda la noche a la intemperie, aumenta proporcionalmente el riesgo de intoxicación alimentaria. Yo que tú, oficiaría un funeral rápido por la boloñesa y a la basura.

Estantes inferiores y cajón de la carne (si lo hay)

Es la zona más fría y ahí vamos a dejar los alimentos frescos y perecederos, como carne, pescado o pollo. También es la zona donde dejaremos alimentos congelados para descongelar. En el próximo capítulo veremos cómo guardar cada uno, pero por ahora quédate con este mensaje: cada alimento debe tener su espacio, con su distancia de seguridad con los de otra familia. Vendría a ser como mezclar las sudaderas de deporte con los jerséis de cachemir, por poder, se puede, pero no dice nada bueno de ti.

Cajón de la fruta y la verdura

En esta zona no hace tanto frío, ya que las bajas temperaturas podrían estropearlas. Otra cosa que también las estropea es meterlas a presión. Si no caben todos los tomates, deja algunos en otra balda, pero no los metas nunca como si fueran viajeros en transporte público en hora punta. Primero, porque no se lo merecen y, segundo, porque aumenta el riesgo de que se espachurren o surjan humedades que acaben formando moho.

La puerta

Es una zona menos fría y con cambios constantes de temperatura. Así que los alimentos que pongamos aquí tendrán que ser recios. En la parte superior, pon los huevos, la mermelada y la mantequilla. En los de más abajo, bebidas, zumos y salsas no caseras. ¿Y la leche? Si en casa se abre mucho la nevera, es preferible dejar el brik de leche en las baldas de la zona fría.

El plátano, mejor separado de otras frutas

Como la fruta tropical que es, el plátano lleva fatal que lo metamos en el invierno perpetuo del refrigerador. Y aquí nos surge el dilema: fuera de la nevera se maduran a toda velocidad (sobre todo, teniendo en cuenta que la cocina suele ser un espacio cálido). En el refrigerador aguantan más, pero la cáscara se pone más negra. Un truco de toda la vida para evitar que se ennegrezcan en la nevera es dejarlos en una bolsa de papel, como la de la frutería. En cuanto a si dentro o fuera, piensa a qué velocidad se van a consumir en casa: si van a caer rápido, déjalos fuera; si quieres que te duren varios días o te gustan más 'enteros', a la nevera.

Pero las peculiaridades del plátano no acaban aquí. Esta fruta es climatérica. Esto significa que sigue madurando después de su cosecha. Para ello emite gas etileno, que hará que cada plátano vaya madurando un poco cada día. Pero el plátano es de talante generoso y comparte su etileno con las frutas cercanas, con lo que acelera la maduración de otras frutas climatéricas, como las manzanas o los melocotones. Así que, mejor conservarlos ligeramente separados.

Ya tenemos la nevera limpia y sabemos dónde hay que guardar cada alimento. ¿Eso es todo? ¡Nooo! Aún queda la parte más peliaguda: cómo guardar cada uno de los alimentos frescos. Es un asunto con bastante más miga que lo de doblar jerséis y guardarlos por colores, así que lo vamos a dejar para otro capítulo.

VENGO DEL MERCADO
¿CÓMO GUARDO CADA COSA?

En el capítulo anterior vimos cómo dejar un refrigerador limpio y dónde colocar cada alimento según la temperatura interior. Llevamos bastante avanzado, pero no es suficiente. Los alimentos frescos no llevan un manual de instrucciones, que no quiere decir que cada uno no tenga sus 'cositas'. Y con 'cositas' hablamos de que hay alimentos que se conservan mejor fuera, otros piden refrigeración a gritos, unos duran más en su envoltorio y otros son tiquismiquis y piden un trato especial. Sí, querido lector, aterrizar en casa con el carro de la compra viene a ser como entrar en boxes y empezar a hacer maniobras de cambios y reorganización en el refrigerador. Y como en la Formula 1, los minutos posteriores a nuestra llegada a casa del mercado o del supermercado son cruciales para conservar los alimentos frescos de nuestra compra en el mejor estado posible.

El orden para colocar la compra debe empezar impepinablemente por los congelados (sobre todo, en verano), luego, por los frescos, y, para terminar, todo lo que no requiere refrigeración. A Marie Kondo la quería yo ver con un carro de la compra para una familia de —pongamos— cuatro miembros de buen comer. A ver cómo organizaba esa nevera, sin tirar comida y sin que nada se eche a perder antes de tiempo. ¡Ordenar un armario es un juego de niños comparado con una nevera!

En fin, no vamos a tener ayuda de nuestra amiga japonesa, pero, con un poco de disciplina, acabarás cogiendo la rutina y te saldrá automático. A fin de cuentas, son todo ventajas:

a) Colocar bien ayuda a ahorrar porque los alimentos no van a echarse a perder antes de lo debido. Más aún, van a durar un poquito más y eso da mucho juego a la hora de organizar las comidas y cenas de toda la familia.

b) Una cocina bien ordenada facilita que encontremos los que busquemos en poco tiempo y evita que se queden escondidos algunos productos. ¿Has perdido alguna vez la bolsita de lonchas de queso fundido porque se ha quedado debajo de un táper? ¿Has pensado que no te quedaban natillas simplemente porque estaban en una balda en la que nunca pones los lácteos? A eso nos referimos.

c) Nuestra favorita: evita que te quedes sin cena justo la noche antes de ir al mercado, esa en la que el repertorio comestible y saludable empieza a escasear y no quedan muchas alternativas. Si colocas bien los alimentos y a cada uno le das lo necesario, ya sea meterlo en un recipiente especial o dejarlo en una determinada zona del frigorífico, te salvarás del 'disgustazo' de llegar a mitad de semana y toparte con que ese tomate que tan bien olía hace tres días y que te ibas a cenar con un chorrito de aceite de oliva virgen extra y sal, haya echado moho; o que los filetes de pollo huelan mal o que los macarrones sepan a pescado porque los pusiste al lado y ahora tienes pasta con aroma a sardinas.

En las próximas páginas vamos a ver, alimento por alimento, cómo deben guardarse en el refrigerador para optimizar su duración. ¡Tranquilidad! Es una lista larga y llena de peculiaridades que parece imposible de memorizar, pero le acabarás pillando el tranquillo. ¡Vamos allá!

Frutas

Desde el punto de vista de la conservación, podemos distinguir entre las frutas climatéricas y las que no lo son. Las climatéricas son aquellas que pueden seguir madurando una vez recolectadas. Para ello emiten un gas llamado etileno (calma, no es tóxico) que activa la maduración, la suya y la de las frutas o verduras que se encuentren próximas. Por eso, digamos que son vecinas incómodas para otras frutas del frutero.

Se suelen cosechar cuando aún no están en su punto, porque se tiene en cuenta que irán madurando durante el transporte, el almacenaje y el tiempo que pasen en el punto de venta. Las puedes comprar un pelín verdes y en unos días las tendrás en su punto correcto de maduración. ¿No te has preguntado nunca por qué tu frutero te pregunta cuándo vas a comer los melocotones o los plátanos? No es cotillería malsana para saber si cumples o no con las cinco raciones diarias de frutas y verduras. Es para saber si nos pone los melocotones listos para comer o aún un poquito enteros. Luego ya va en gustos si los quieres algo más duros y menos dulces o casi pasados y más dulces.

En este grupo de las climatéricas ya sabemos que están el plátano y las manzanas, pero también buena parte de las frutas típicas de verano: albaricoque, ciruela, melocotón, nectarina, paraguayo, higo, melón y sandía. A este grupo se suman varias de las tropicales, como el aguacate, el mango o la chirimoya. Finalmente, añadimos el kiwi y el tomate (sí, es una fruta).

En el polo opuesto tenemos las frutas no climatéricas. Estas, o maduran en la huerta, o morirán rebeldes, viejas y sin madurar. Son esas que nos acabamos comiendo verdes y maldiciendo el momento en el que las compramos. En este grupo tenemos a todos los cítricos (naranja, limón, mandarina, pomelo), las frutas del bosque (fresas, frambuesas, arándanos, moras...), la piña y las uvas.

Ahora que ya sabemos de qué pie cojea cada fruta a la hora de madurar, vamos a ver cómo hay que conservarlas, si necesitan nevera o no, y, en caso de refrigerarlas, cómo y cuándo hacerlo. ¿Te suena a física cuántica? ¡Para nada! ¡Verás cómo es más fácil de lo que parece!

Naranjas

Es la fruta más vendida en España y, con eso de que son bastante resistentes a los golpes, no las tratamos con el cariño debido. Lo suyo es dejarlas a temperatura ambiente, cuanto más extendidas, mejor, y siempre en un lugar seco, aireado, lejos del calor y la humedad. La naranja lleva mal que la apilemos sin piedad en un recipiente o espacio con poca ventilación, porque se genera humedad y el moho no tarda en acudir a darse su festín.

Por supuesto, si vamos a tardar en consumirlas o compramos varios kilos, podemos guardarlas en el frigorífico. Lo ideal es el cajón de las verduras, pero, si no nos caben, podemos improvisar otro recipiente o dejarlas sobre una balda apoyadas sobre un paño de algodón que absorba la humedad. En cuanto una dé signos de que empieza a pudrirse, la cáscara está deteriorada o hay principio de moho, hay que tirarla a la basura sin pensarlo dos veces. De lo contrario, contagiará a las de alrededor a una velocidad pasmosa.

Antes de llevarlas a la mesa, no olvides sacarlas de la nevera al menos unas dos horas antes para que se atemperen. Así disfrutarás de todo su sabor. También evitaremos un mal rato a aquellas personas con sensibilidad dental, ya que morder un cítrico frío es muy desagradable y hasta doloroso para ellas.

Mandarinas, limones y pomelos

Lo mismo que las naranjas.

Manzanas

Pese a su aspecto frágil y su poca resistencia a los golpes, la manzana tiene el don de la longevidad. Recién compradas, o si las vamos a consumir en pocos días, aguantan sin problemas a temperatura ambiente (siempre que no haga mucho calor). En este caso el lugar ideal es fresco, seco, oscuro y bien ventilado para que no se formen mohos. Y, a ser posible, alejada de otras frutas y verduras para librarlas de su etileno. Si las metes en la nevera, pueden durar hasta varias semanas.

Fresas y fresones

Si las manzanas son longevas por naturaleza, fresas y fresones son justo lo contrario. No son climatéricas, así que estas frutas hay que comprarlas en su punto justo de maduración. Y esta es su condena: se echan a perder muy rápido, así que, por un lado, hay que elegirlas bien maduras, y, por otro, buscar las que tengan un aspecto más lozano (vamos, las más recientes) y descartar aquellas magulladas o con moho.

Ya en casa, hay que conservarlas en la parte más fría del refrigerador sí o sí (lo ideal es que estén a entre 2 y 4 °C, en un envase abierto (como mucho, un film agujereado) y sin amontonar (mejor un recipiente llano que uno profundo). Olvídate de Marie Kondo y su obsesión por doblar y arrejuntar cosas, el fresón necesita mucho espacio dentro de la nevera. Tiene muchísima facilidad para desarrollar moho, pero podemos reducir su aparición forrando el fondo del envase con papel de cocina o con una base de almohadilla especial para la conservación de vegetales.

Una vez guardados, la cosa no ha acabado. Hay cuatro reglas que debes seguir a pies juntillas para disfrutar al máximo de tus fresones:

* Revísalos a diario. Si aparece moho en algún ejemplar, tíralo a la basura sin contemplaciones.

* Si una pieza tiene moho, tírala entera. Nada de cortar la parte algodonosa y comerte la parte que aparentemente está bien. Antes de que aparezca esa costra de aspecto algodonoso propia de los mohos, ese hongo ya se ha expandido también por el interior de la fruta, aunque no lo veamos. Y no quieres comer moho a precio de fresón, ¿verdad?

*Guárdalos con los rabitos y hojas y sin lavar. Ambas acciones aceleran su deterioro.

*Aléjalos de frutas climatéricas.

Peras

Son climatéricas, pero no tan longevas como sus 'primas' las manzanas (no es una licencia de autor, ambas pertenecen a la familia de las rosáceas). De hecho, son bastante delicadas. Si no están del todo maduras, déjalas a temperatura ambiente hasta que alcancen el punto que más te agrade (hay a quienes les gustan más o menos duras). Una vez maduras, métetelas en el frigorífico donde pueden durar entre cuatro y seis días.

Arándanos

Sin misericordia: a la nevera dentro de una caja de plástico o bolsa agujereada.

Moras

A finales de verano en las veredas de los ríos es fácil encontrar zarzamoras y recolectar sus negras y dulces bayas. Son bastante delicadas, tirando a muy perecederas y con una facilidad pasmosa para desarrollar mohos. Con estas premisas, al llegar a casa lo ideal es depositarlas en un recipiente poco profundo, lo más extendidas posible, tanto mejor si es en una sola capa. Puedes poner un papel de cocina en el fondo del recipiente para que absorba el exceso de humedad y evitar, en lo posible, los temidos mohos. Tampoco debes lavarlas, ya que ese exceso de humedad favorece su putrefacción.

En el frigorífico suelen durar como mucho unos cinco días. Afortunadamente, aguantan bastante bien la congelación. Si ves que no las vas a consumir, métetelas en recipientes individuales y congela. Una vez descongeladas, van de perlas para hacer batidos de frutas (por ejemplo, melocotón, moras y leche o yogur). Si tienes hijos adolescentes o miembros de la familia en edad del «todo détox», llámalo *smoothie* détox en vez de batido de frutas. Les encantará.

Frambuesas

Aplica lo mismo que a las moras, solo que, como la piel es más fina, tienen más tendencia a formar mohos y menos vida útil. En casa, incluso guardándolas en el refrigerador no duran más de unos tres días sin ponerse blandengues y sin que hagan acto de presencia los temidos mohos.

Higos

Son extremadamente frágiles, con una piel finísima, muy jugosa y alta facilidad para deteriorarse. A temperatura ambiente (ojo, que hablamos de una fruta de verano y la 'temperatura ambiente' puede ser bastante calurosa), siempre que sea en un lugar fresco, aireado y lejos de la luz solar, aguantan a lo sumo uno o dos días. Si hace demasiado calor o queremos que duren un poco más no queda otra que meterlos en la parte menos fría de la nevera sin más dilaciones.

Como sucede con otras frutas, el exceso de humedad acelera su putrefacción. Para evitarlo, un truco casero es colocarlos en una huevera de cartón limpia con la punta hacia arriba y cubrirlos con la tapa, siempre que no los aplastemos. En su defecto, podemos buscar una fuente o táper, de paredes no muy bajas, y forrado con papel de cocina. Cúbrelos con otra capa de papel para preservarlos de olores y evitar que se resequen. En cualquier caso, mira bien que queden holgados, nada de apretujarlos, para que no se dañen. Y grábate mentalmente el cartel de «consumir cuanto antes».

Kiwis

Estos también entran en el grupo de las frutas climatéricas, así que hay que mantener una distancia de seguridad con otras frutas. Lo ideal es dejarlos a temperatura ambiente en un lugar fresco, seco y alejado de la luz. En el refrigerador durarán mucho más, pero madurarán más lentamente.

Madurado exprés para kiwis

¿Has comprado kiwis que están duros, pero duros nivel piedra? Existe un truco infalible para acelerar su maduración: introducirlos un día en una bolsa de papel, junto con un plátano, una manzana o una pera. Ahí dentro se forma un festival de etileno que acelera la maduración del kiwi. Aquí hay que tener cuidado porque el kiwi tiene tendencia a sobremadurarse y adquirir un sabor y textura desagradables. Pasadas veinticuatro horas echa un vistazo y si se ha ablandado, sácalo de la bolsa.

Por cierto, ¿sabías que los kiwis pueden comerse sin pelar? Solo hay que limpiar bien la piel, como haríamos con una manzana. Otra cosa es que la textura peluda no sea del agrado de todos los paladares. Una forma sin complicaciones para comerlos es cortarlos por la mitad y sacar la carne con una cucharita de postre.

Aguacates

Son frutas tropicales y tienen aversión por la nevera, así que, salvo que ya sean guacamole, mantenlos a temperatura ambiente. Si están maduros, basta con conservarlos en un lugar fresco y seco. Si les queda un poco para madurar, con dejarlos un par de días al aire es suficiente. Puedes acelerar ese proceso introduciéndolos en una bolsa de papel.

Una vez abierto, la mejor forma de conservarlo es rociando un poco de zumo de limón (la vitamina C es antioxidante) y sin retirar el hueso. Ahora sí, hay que guardarlo necesariamente en la nevera.

Melocotones, paraguayas, ciruelas y albaricoques

Conocidos como 'frutas con hueso' se pueden conservar a temperatura ambiente hasta tres días. Si hace mucho calor o quieres que duren más, déjalas en el cajón de la fruta de la nevera. No hace falta guardarlas en bolsa.

Caquis

Si aún están verdes, déjalos a temperatura ambiente para que sigan madurando por su cuenta. En cuanto los veas maduros, guárdalos en la nevera. ¿Los puedes meter en la nevera cuando aún no están en su punto? ¡Claro que sí! En ese caso pueden llegar a durar hasta tres semanas. Otra cosa es que te interese ocupar un espacio de tu refrigerador con frutas que no vas a poder comer hasta dentro de muchos días.

Granadas

El aspecto recio de su piel no engaña: son frutas resistentes. A temperatura ambiente, en un lugar seco y sin exposición directa al sol, aguantan varios días sin problemas. Pero si las metes en el compartimento de frutas y verduras pueden llegar a durar varias semanas sin inmutarse.

Mangos

Como sucede con el resto de las frutas climatéricas, a temperatura ambiente siguen madurando y adquiriendo ese sabor dulce tan propio de esta fruta tropical, que, por cierto, no solo viene de los trópicos. En la Costa Tropical granadina (alrededor de Almuñécar) se cultivan unos mangos deliciosos. Si puedes, evita meterlos en el refrigerador. Dentro de la nevera aguantan más, pero si no están maduros, no terminarán de madurar correctamente.

¿Se te fue la mano comprando y ves que se van a echar a perder? Córtalos en dados y congélalos en un recipiente hermético o bolsa zip. Una vez descongelados, puedes comerlos solos, añadirlos a tus macedonias o usarlos en batidos.

Uvas

Son delicadas y con facilidad para echarse a perder. Traduciendo: mételas en el refrigerador nada más llegar a casa, en la zona más fría de la nevera y sin amontonar. La piel de las uvas es muy fina, por lo que tienden a absorber olores fuertes de otros alimentos vecinos, como cebollas, puerros o pescado. Un truco para protegerlas es meterlas en una bolsa de plástico, sacar el aire y cerrarla. Aunque tengan algo de suciedad, no las laves hasta justo antes de servirlas o acelerarás su deterioro.

Se pueden congelar sin problemas, eso sí, como aumentan bastante de tamaño al congelarse, hay que disponerlas extendidas y con un poco de separación, para que no se peguen entre sí.

Melón, sandía y piña

Sin abrir aguantan sin problemas varios días en la despensa a temperatura ambiente, siempre que estén sin cortar y las tengas en un lugar fresco, seco y a salvo de los rayos del sol. Una vez cortados, hay que protegerlos con un film transparente y conservar en el refrigerador, donde pueden aguantar entre tres y cinco días antes de pasarse. Los trozos o rodajas, en un recipiente cerrado y siempre en la nevera.

HORTALIZAS Y VERDURAS

Zanahorias

Se conservan mejor en el refrigerador. Si las compras con tallo y hojas, quítalas, ya que acumulan humedad y se estropean antes. Además, las hojas se caen al secarse y ensucian mucho el cajón de las verduras. Para que no se condense demasiada humedad, guárdalas en una bolsa de plástico perforada o en una bolsa de papel. Por cierto, ¿sabías que no hace falta pelarlas para consumir? Basta con limpiarlas bien bajo el grifo y ya las tienes listas para hincar el diente.

¿Cómo perforar las bolsas?

Dexter lo haría apuñalando la bolsa, con una pulcritud encomiable. Pero ese gesto de asesino acabaría rompiendo las verduras y la savia en libertad haría que se estropearan a toda velocidad. Amén de que, visto desde fuera, parece un poco de psicópata. Y no es bueno para tus cuchillos, que hay que pensar en todo.

Para perforar las bolsas como una persona de bien, ten a mano una taladradora de papelería (ya sabes, las de las hojas para meter en cuadernos de anillas). Si eres mañoso, también puedes hacer pequeños círculos con una tijera de punta fina.

Apio

Al cajón de las verduras, a ser posible, en una bolsa de plástico perforada.

Lechuga

Se guarda en la nevera sin lavar y en una bolsa de plástico perforada, para que respire. Las de huerta suelen llevar tierra e, incluso, algún insecto. Sacúdelas antes de introducirlas en el refrigerador, pero no las laves hasta consumirlas. Es una hortaliza muy delicada, así que búscale una balda fría, pero alejada de las frutas climatéricas.

Las que van cortadas y lavadas se conservan bien en su bolsa. Basta con volver a cerrarla, pero sin apretar. Si las achuchas, se concentrará humedad y empezarán a descomponerse (es ese momento en que abres la bolsa y hay un líquido amarronado y huele agrio). Si eso sucede, su lugar es la bolsa de basura sin más miramientos.

Rúcula y canónigos

Lo normal es comprarlos ya en bolsas y lavados. En este caso, ya sabes, conserva la bolsa en buen estado y cierra después de su uso sin apretar las hojas del interior. En caso de comprarlos frescos, consérvalos en bolsas de plástico perforadas.

Espinacas

Corren idéntica suerte que las lechugas: a la nevera y en una bolsa de plástico perforada y lejos de las frutas.

Bok choy o pak choi

Esta col china ha dejado de ser un elemento exótico para hacerse un hueco dentro de nuestras fruterías. A la hora de conservarla, trátala como a otras verduras de hoja verde: bolsa de plástico con agujeros y al refrigerador.

Acelgas, col, berza, grelos y kale

Más de lo mismo: nevera y bolsa de plástico perforada. La única diferencia es que, antes de meterlas en la bolsa, conviene quitar las hojas y tallos con un tono marrón, señal de que ya han empezado a echarse a perder. El kale es el que más aguanta, aun así, también puedes cortarlo en trozos pequeños y congelarlo.

Patatas

Tienen el gen de la supervivencia a flor de piel y pueden crecer hasta en los ambientes más inhóspitos. Si has visto la película

Marte, recordarás que Matt Damon se pone a cultivar patatas para no morirse de hambre en la soledad marciana. Este tubérculo tiene una facilidad pasmosa para localizar humedad y empezar a desarrollar tallos. Para impedírselo, guárdalas en su malla o sueltas en una caja con buena ventilación. Y siempre, en un lugar fresco, seco, oscuro y alejado de las cebollas y otras frutas. Nunca, nunca, pero nunca, las metas en la nevera mientras estén enteras.

¿Te has venido arriba pelando y ahora te sobran patatas peladas, e, incluso, cortadas? En este caso, para que no se estropeen sumérgelas en un cuenco con agua y mételas en el frigorífico. Es una solución de emergencia y no deberían estar así más de 48-72 horas, ya que absorberán agua y la textura final será de poca calidad.

Boniato

Primo hermano de la patata, así que, ya sabes, guárdalo en un sitio fresco, seco y oscuro con buena ventilación. A diferencia de las patatas, estos tubérculos se echan a perder mucho antes. Consúmelos en una semana o empezarán a ponerse feos.

Ajo

Tanto si están en ristra como si van sueltos, los ajos enteros se conservan en un lugar fresco, seco y oscuro con buena ventilación. Es importante dejarlos al aire o en un recipiente o bolsa con ventilación, de lo contrario, acabará saliendo moho. Otra cosa es que estén ya pelados y/o cortados, en cuyo caso hay que guardarlos en un recipiente hermético y en el refrigerador. Si sobra, puedes congelarlos durante unas semanas. No los dejes demasiado tiempo en el congelador, porque acaban perdiendo sabor y un ajo que no sepa a ajo, es como un jardín sin flores.

El truco del almendruco para pelar los ajos de manera correcta

Pelar los ajos suele ser un poco engorroso, porque la piel es fina y tiende a pegarse. Un truco de abuelas para hacerlo fácil es meterlos unas horas en la nevera. Otro más moderno es meterlos 10-15 segundos en el microondas. Y el favorito de los *coci-*

nillas con alma marchosa: meterlos en un recipiente cerrado y limpio (un bote de mermelada, por ejemplo) y agitarlos como si fuera una maraca. La fricción entre los dientes de ajo hace que las pieles se deslicen si tenerlas que tocar. No será una técnica digna de chef con estrellas Michelin, pero funciona.

Cebolla

Suele ir en un lugar de la despensa similar al de los ajos: un lugar fresco, seco y oscuro, con buena ventilación (por ejemplo, colgadas y en una bolsa de malla). Jamás de los jamases en una bolsa de plástico. Si te las dan en una bolsa de plástico en la frutería, sácalas cuanto antes.

¿Las guardas cerca de las patatas? Error, esos ricos tubérculos absorben la humedad del vecindario y quitarán hidratación a las cebollas (ya hemos comentado que las patatas son como Gloria Gaynor, van todo el día con el *I will survive* a tope y dispuestas a crecer cueste lo que cueste). Puestos a juntar patatas y cebolla, solo en la tortilla. Las cebollas cortadas se guardan en la nevera a lo sumo un par de días y, a ser posible, en un recipiente hermético para que no cojan olores otros alimentos.

Cebolletas

Sin piedad: a la nevera, en una bolsa de plástico bien cerrada. ¿Y por qué ellas sí, y las cebollas, no? Porque tienen más agua y resisten mejor la deshidratación dentro del refrigerador.

Puerros

Muchas veces los compramos en el súper y ya vienen cortados y guardados en una bandeja de plástico. En cambio, en el mercado nos los dan enteros, con todo el tallo verde. Pídele al frutero que corte y descarte esa parte, que no se come. Si no lo hace, hazlo tú al llegar a casa para no ocupar un espacio en la nevera de forma absurda con algo que no vas a comer. A continuación, guárdalos en el refrigerador.

Brócoli

A la nevera en una bolsa de plástico perforada, para que retenga la humedad. Si lo compras envasado en un film transparente, déjaselo hasta que lo vayas a cocinar.

Repollo y coles de Bruselas

Igual destino que el brócoli: bolsa de plástico perforada y al refrigerador.

Coliflor y romanescu

Pese a pertenecer a la familia de las crucíferas como el brócoli, estas dos hortalizas van a la nevera, pero no necesitan ni bolsa de plástico ni film.

Berenjena

Se echan a perder con bastante rapidez, así que nada más llegar, lo mejor es meterla en el cajón de las verduras y alejada de manzanas y plátanos. Para alargar su vida, puedes meterla en una bolsa de plástico perforada o en una bolsa de papel, para que absorba la humedad y retrase su descomposición. Si hay zonas con moho, descarta la pieza entera (aquí se aplica lo mismo que con el fresón, aunque el moho solo asome un poco por fuera, ya habrá colonizado el interior).

Calabaza

Mientras está entera, puedes tenerla en la despensa siempre que sea un lugar fresco y seco. Una vez cortada, hay que cubrirla con un film y conservarla en la nevera. Si está troceada, métela en un recipiente cerrado y con la mente puesta en consumirla pronto.

Alcachofas

A la nevera, en una bolsa de plástico perforada para mantener la hidratación.

Chirivías

Guárdalas en el cajón de las verduras, mucho mejor si lo haces en una bolsa de plástico perforada. Cuanto más tiempo estén en la nevera, más dulces estarán.

Colinabo

Esta extraña hortaliza de aspecto alienígena es, en realidad, un tallo engrosado con forma de bulbo. También conocido como colirrábano o, si eres hípster, *kohlrabi*, es raro de encontrar más allá de los mercados de productores o tiendas de productos directamente traídos de la huerta. Tiene un sabor entre térreo y dulce muy interesante, pocas calorías y bastante vitamina C. Para conservarlo, lo primero es separar las hojas del bulbo. Las hojas son perfectas para caldos y las puedes conservar en bolsas de plástico perforadas. La raíz (el colinabo, propiamente dicho) también se guarda en el refrigerador, a ser posible, en una bolsa perforada.

Pimientos

Si los vamos a consumir en unos días y no hace excesivo calor en nuestra cocina, lo mejor es dejarlos en la despensa a temperatura ambiente. Si vamos a tardar algo más o ya están cortados, al refrigerador. En cuanto veas moho, a la basura.

Espárragos

Para que duren más y mantengan todas sus propiedades, hay dos estrategias. La primera es guardarlos en el frigorífico envueltos en un paño húmedo o, si no queremos complicarnos la vida en un táper de su tamaño. La otra alternativa es cortar la parte más dura, llenar un vaso con un poco de agua y meterlos como si fueran un ramo de flores, vigilando que la parte superior del tallo y las yemas no estén sumergidas.

Para preservar aún más la humedad de los espárragos, arropa suavemente las yemas con una bolsa de plástico, sin apretar y procurando que no los roce. Por mi experiencia, si en casa hay niños o adolescentes abriendo y cerrando la nevera a todas horas para sacar bebidas, esta segunda opción es una ilusión teórica que no va a durar más de un día.

Judías verdes, habas y guisantes frescos
A la nevera y en bolsa perforada.

Pepinos
Al cajón de las verduras, pero sin bolsa.

Tomates
Lo ideal es dejarlos a temperatura ambiente. Es una fruta climatérica, así que en la despensa irán madurando hasta estar bien jugosos. El problema es que es bastante sensible al calor, así que en verano no suele quedar otra que meterlos en la nevera. Ahora bien, el frío no les hace ninguna gracia y ese proceso de maduración se ralentiza de forma que puede que no lleguen a madurar nunca. Y encima, acelerarán el proceso de descomposición de otras hortalizas, como los pimientos o las berenjenas.

Nabos
Nevera y bolsa de plástico perforada.

Remolacha
A la nevera, pero sin brotes, ni hojas.

Setas y champiñones
Si van en la bandeja del supermercado, no tiene pérdida: directos a las baldas frías de la nevera. En caso de ser frescos, lo primero es limpiar la tierra y restos de suciedad. ¡No los metas bajo el grifo de agua ni los pongas en remojo! Se llenarán de agua y se pondrán malos mucho antes. Existen cepillitos específicos para limpiarlos, aunque también puedes hacerlo con un paño suave y húmedo. Para que no acumulen demasiada humedad dentro de la nevera, guárdalos enteros en una bolsa de papel o en un recipiente con papel absorbente. Si los troceas, aguantarán menos. Si no se concentra demasiada humedad,

lo normal es que aguanten una semana, aunque cada día que pase estarán menos tiernos y con un aspecto más arrugado.

CARNES

La carne roja fresca es un alimento altamente nutritivo y rico, sobre todo, en proteínas de calidad. Pero también tiene una parte importante de agua, que es lo que hace que ese solomillo esté jugoso y tierno. Esa cualidad no solo nos gusta a los humanos. Algunas bacterias, como la salmonela, la listeria y la *E. coli* le ponen ojitos y aprovechan la menor ocasión para proliferar y convertir nuestro bistec en un arma biológica. O, al menos, en un alimento en mal estado que puede causarnos una intoxicación alimentaria que puede ir desde vómitos a ingreso en el hospital.

Con estos prolegómenos, queda claro que la conservación de la carne en casa no es solo una cuestión de organizar la nevera, sino de salud. Para evitar que esas bacterias malvadas tomen posiciones en nuestros filetes lo ideal es conservar la carne desde que entra en el refrigerador hasta su consumo a unos 4 °C, es decir, lo suficientemente fría como para que esas bacterias no tengan ganas de multiplicarse.

La siguiente cuestión es cómo guardarla. Ya sabemos que la carne va a las baldas más frías. Si en tu nevera hay un cajón específico para carnes, ese es el lugar. Ahora queda ver algunas peculiaridades según su formato.

Filetes

Si los compras en una bandeja en el súper, ya tienes el trabajo hecho. Solo hay que guardar la bandeja, sin abrir, dentro del cajón. Las bandejas de carne se preparan en 'atmósfera protectora', que en este caso es dejando la cantidad mínima posible de aire en contacto con los filetes. De esta forma se reduce la posible oxidación.

En cuanto a cuándo consumirlos, ya te lo indica la fecha de consumo preferente del paquete. Eso siempre que no lo abras. Si lo abres, consúmelos en 48-72 horas o congela.

Y ese papel que va bajo los filetes, ¿qué pinta ahí?

Has comprado una bandeja de filetes, ya sea de carne o de pollo, y al retirarlos ves un papel reticulado y grueso sobre la bandeja. ¿Es seguro poner un papel con la carne? ¿Se lo han dejado olvidado? ¿Lo hacen para aumentar el peso del paquete y que paguemos más? ¡Nada de eso! Esa lámina de celulosa es apta para el contacto con los alimentos y se pone ahí precisamente para absorber el líquido rojizo que sueltan los filetes.

Ya hemos hablado de que las bacterias se sienten como en casa si tienen proteínas y agua, y eso es precisamente lo que les proporciona ese jugo rojizo (el rojo viene de la mioglobina, una proteína presente en los músculos de los animales, incluidos los humanos). Al evitar que se forme ese magma de jugos bajo los filetes, se aumenta su vida útil.

Por si tienes curiosidad en los asuntos legales, la utilización de estas almohadillas o láminas de celulosa está regulada por el reglamento (CE) N° 450/2009 de la Comisión, de 29 de mayo de 2009.

¿Y si compras los filetes en una carnicería? Te los envolverán en papel parafinado, para que no se pegue a los filetes aunque suelten ese jugo rojizo. Si no los vas a consumir de inmediato, desenvuélvelos, elimina el jugo que haya en el paquete y vuelve a envolverlos en papel de aluminio. A continuación, al cajón de la carne. En caso de no tener cajón, en la balda más baja y fría. Lo del frío es porque es la temperatura ideal de conservación. Lo de coger la balda más baja es pura estrategia doméstica: evitar que los jugos que sueltan los filetes caigan sobre otros alimentos y se pueda producir contaminación cruzada. Según el grosor del filete (cuanto más gruesos, mejor conservación), pueden aguantar en el refrigerador hasta cinco días, aunque no conviene dejarlos más de 48 a 72 horas o empezarán a secarse.

Tanto si los compras en bandeja como si los traes de la carnicería, si tu idea es congelarlos para tener carne a finales de semana, hazlo nada más llegar a casa. Envuelve filete a filete en papel de aluminio o film transparente e introdúcelos en el congelador lo más extendidos posibles, si es en una bandeja, mejor que mejor. Así te aseguras de que se congelan cuanto antes.

Carne picada

Con las carnes (las que sean) se cumple siempre una regla que tenemos que grabarnos a fuego: cuanto más pequeña sea la porción, antes se echa a perder. ¿Y eso por qué? Ya hemos comentado lo de la superficie en contacto con el aire. En un solomillo bien gordo hay una buena parte de la pieza que no toca el aire. En la picada, en cambio, la superficie se multiplica. Así que se oxida antes y, encima, se hace más apetecible para los microorganismos indeseables.

Por si fuera poco, hay una segunda regla que dice que cuanto más manipulada esté la carne, más posibilidades de contaminación. La picada tiene mucha superficie al aire y ha pasado por la máquina de picar, así que lleva más papeletas en la tómbola del riesgo alimentario.

Entonces, ¿qué hacemos? Seguir el sentido común:

1. Meterla en el refrigerador antes que cualquier otro alimento y siempre en la zona más fría.

2. Vigilar que la temperatura del interior de la nevera sea de 4 °C. Cuando volvemos de la compra es normal que la temperatura interior suba porque los alimentos pierden frío en el transporte. Un truco fácil para asegurarnos de que la carne se refrigerará a su temperatura es bajar el selector de temperatura a 3 °C justo antes de irnos al mercado. Al cabo de unas horas, cuando la carne ya esté a su temperatura, podemos subirla un grado.

3. Si en tu ciudad en verano hace mucho calor, no te la juegues. Para comprar carne picada, lleva una bolsa isotérmica (de las de los congelados de toda la vida).

Este filete ha pasado de granate a grisáceo, ¿está malo?

¡Tranquilidad! Ese filete que ya no está tan lustroso como cuando salió de la carnicería no está podrido, ni ha dejado de ser apto para su consumo. Solo está más feo.

La carne roja recién cortada tiene un tono rojo-granate brillante. Pero nada más cortarla, entra en contacto con el aire y la luz, dos agentes que pueden modificar su color, que no su sabor, ni su calidad. Por supuesto, sigue siendo seguro para comer.

¿Y a son de qué cambia de color como si fuera un camaleón? La culpa hay que echársela al principal pigmento de la carne, la mioglobina. Al contacto con el oxígeno del aire, se oxida y cambia de color. Por eso, en un paquete de filetes, el que más cambia siempre es el de arriba. Y por esa misma razón, debemos evitar que les dé el aire y guardarlos en cuanto lleguemos a casa en un recipiente hermético.

POLLO

La carne de ave hay que tratarla de forma muy parecida a la roja (salvo por lo de la mioglobina). Sin embargo, el pollo aguanta menos refrigerado que la carne roja. Para curarnos en salud, el pollo a granel o el de bandejas una vez abiertas, no debe estar en la nevera mucho más de entre 24 y 36 horas. Si no lo consumes rápido, congélalo.

Es fácil detectar cuando tu compra de pollo empieza a acercarse al final de sus días. De entrada, despide un olor fuerte y desagradable. Además, se queda viscosa y las partes más exteriores se secan y oscurecen.

¡No lo laves!

¿Sientes el irrefrenable impulso de meter bajo el grifo esos muslos de pollo antes de echarlos al puchero? ¡No lo hagas! Al hacerlo, es inevitable que salten gotículas de agua (el término gotículas seguro que te suena de los primeros días de la pandemia y que hace referencia a esas gotitas microscópicas). Pues bien, esas gotículas de agua que han rozado al pollo pueden haberse contaminado con la bacteria *Campylobacter*. Este microorganismo vive en el intestino del animal y, para que nos hagamos idea de la seriedad del asunto, es la principal causa de intoxicaciones por alimentos en Europa.

Al lavarlo, por mucho cuidado que pongamos, siempre saltan gotas microscópicas de agua que, a su vez, pueden contaminar todos los utensilios y superficies donde caigan. Haz memoria: los cacharros del escurreplatos, la encimera, tu delantal.... En resumen: un desastre en términos de seguridad alimentaria que puede terminar en gastroenteritis. Por suerte para nosotros, la *Campylobacter* no sobrevive a temperaturas superiores a los 65 °C. Es la razón por la que no deberías tomar pollo poco hecho ni crudo (en *sashimi* o tartar, por ejemplo) jamás de los jamases.

Ya, vale, pero, ¿y si hay restos de sangre, plumas o qué sé yo de suciedad? En ese caso, toma un papel de cocina y retira los restos que creas, pero nada de acercarlo al chorro de agua. Y, por supuesto, al acabar la faena, lava los cuchillos, platos y tus propias manos para evitar la contaminación cruzada.

PESCADO

¿Sabes que los antiguos egipcios, antes de embalsamar a sus faraones, los evisceraban (vamos, que les sacaban las tripas como a un besugo mondo y lirondo)? No era una venganza personal contra el faraón por las supuestas crueldades con su pueblo, sino una solución para evitar que el cuerpo se pudriera a toda velocidad (en Egipto, cuando aprieta el calor, hace que el verano sevillano parezca una primavera fresquita).

Con el pescado pasa algo similar. Antes de llegar a casa, pídele a tu pescadero que te limpie el pescado (o sea, que le saque las vísceras como si fuera un faraón, pero con menos ritual). Los que compramos en el supermercado preparados en bandejas normalmente ya vienen limpios, así que ese trabajo que te ahorras. Si son de lonja o los has pescado tú, tendrás que arremangarte y limpiarlos nada más llegar a casa.

Lo ideal es comer el pescado fresco del día. Como no siempre es posible, hay que guardarlo en el refrigerador con ciertas medidas para que no se eche a perder. El refrigerador nos permite aguantarlo en buen estado entre dos y tres días, no más. Tampoco conviene alargar más su estancia, porque el intenso olor del pescado puede calar en otros alimentos dejándoles un regusto poco agradable. Una vez limpio, colócalo sobre un plato, métalo en la balda más fría de la nevera (entre 0 y 4 °C) y cúbrelo con un trapo húmedo para que retenga humedad y se mantenga jugoso. Revísalo de vez en cuando y si lo notas seco, rehumedécelo. Por cierto, ¡nada de guardarlo en la nevera en la misma bolsa o paquete que te han dado en la pescadería!

Un truco ancestral de pescaderos y pescadores con los pescados pequeños, tipo sardinillas o boquerones, es echar por encima un poco de sal gruesa. Este gesto dificulta que las bacterias proliferen, lo que va a ayudarnos a mantener nuestra compra de pescado. Luego solo tienes que acordarte y no volver a añadir sal al cocinarlos.

¡Por Tutatis, congela, que viene el anisakis!

Anisakis no es un estudiante de Erasmus recién llegado de Atenas con ganas de fiesta. Es un parásito que puede encontrarse en el pescado y en los cefalópodos (o, como diría tu pescadero, calamar, pulpo, sepia y familia). Como todo buen parásito su único interés en la vida es hacer el mal, que, en el caso de los seres humanos, es provocar alteraciones digestivas (anisakiasis) y reacciones alérgicas que, en ocasiones, pueden ser graves.

Como les sucede a todos los villanos del mundo mundial, el anisakis también tiene sus puntos vulnerables. ¡Los tenía la Estrella de la Muerte del malísimo Darth Vader como para no tenerlos una larva agazapada en tu lenguado! El punto flaco del anisakis es el frío y el calor. La anisakiasis solo se puede contraer si se come pescado o cefalópodos parasitados crudos o sometidos a preparaciones que no matan al parásito.

La mayor parte de preparaciones culinarias —cocción, fritura, horneado o plancha— se cargan a este parásito siempre que se alcancen los 60 °C por lo menos durante un minuto en toda la pieza. Ojo, que esto es clave: si estamos ante una rodaja de merluza gruesa el tiempo deberá ser superior. Desde la Agencia Española de Seguridad Alimentaria y Nutrición (AESAN), de modo orientativo, dan este consejo: una pieza de unos 2,5 centímetros de grosor habría que cocinarla unos diez minutos en total (dándole la vuelta a los cinco minutos). Un truco de toda la vida para saber si el pescado a la plancha está bien hecho es comprobar que la carne se separa sin dificultad de la espina y que posee un aspecto mate típico de las proteínas coaguladas. ¿Lo haces al microondas? La recomendación es voltear la pieza y dejar reposar tapado dos minutos para garantizar condiciones térmicas adecuadas.

¿Te gusta el *sushi*, los boquerones en vinagre o cualquier otra preparación de pescado crudo? En este caso la opción de someterlo al calor no es viable, pero podemos optar por todo lo contrario: matarlo de frío. Coge tu pieza de pescado, limpia y sin tripas, métela en el congelador durante, al menos, 24 horas y hasta nunca, anisakis. No todos los congeladores valen para esta tarea, solo los que tienen tres o cuatro estrellas y alcanzan los -20 °C. Si el tuyo no llega a tanto, no te la juegues y cómpralos congelados.

Como todo en la vida, hay excepciones. No hace falta congelar los moluscos bivalvos (ostras, mejillones, almejas...), ni los pescados de agua dulce o piscifactoría (truchas, carpas...), ni las semiconservas (las anchoas). Tampoco los pescados desecados salados de manera tradicional, como el bacalao o las mojamas.

HUEVOS

Como decía Jesulín de Ubrique, los huevos tienen su intríngulis. En el supermercado los tienes a temperatura ambiente, pero en casa tenemos que guardarlos en la nevera. ¿Y eso, por qué? Aquí tenemos que tirar de ciencia para explicarlo: la cáscara es parecida a nuestra piel, es impermeable hasta cierto punto, porque también es porosa. Si en el súper estuvieran refrigerados, en el trayecto a casa se condensaría agua en la superficie de la cáscara y podrían entrar microorganismos con ganas de dar la lata.

Para evitarlo, los mantienen a temperatura ambiente (en el súper nunca hace calor), pero hay que guardarlos sí o sí en la nevera al llegar a casa. De hecho, debemos dejarlos refrigerados hasta el momento exacto de usarlos por la misma razón. Por cierto, que esa misma porosidad de la cáscara facilita también que los huevos absorban olores de otros alimentos cercanos. Si tienes pescado o esa media cebolla cortada que no usaste en la tortilla, coloca los huevos lejos. También hay que mantener una distancia de seguridad de alimentos que puedan soltar jugos, como las carnes.

Cuidado con los huevos (con perdón)

Los huevos los carga el diablo. Y no solo porque se rompen con facilidad, que también. Bajo esa apariencia inocente se esconde un alimento muy rico desde el punto de vista nutricional, pero que puede llevar ciertas bacterias al plato si no se manipula con cuidado.

Por esta razón se recomienda no cascarlos contra el borde del recipiente donde se van a batir o cocinar. Es preferible hacerlo en otro y pasarlos con cuidado a través del borde limpio. Lo mismo al separar la yema de la clara: en vez de hacerlo con la propia cáscara es preferible echar mano de un separador específico. Viene a ser una especie de miniespumadera con fondo que se encuentra con facilidad en tiendas de artículos de menaje. Cuestan alrededor de diez euros y no te juegas una intoxicación. ¿Que la abuela lo hacía así y ahí está tan lozana? Cierto, pero también usaba un teléfono con cable para llamar y tú wasapeas con un *smartphone* de última generación. A esto se le llama progreso.

Dicho esto, toma nota de algunos consejos más para que tus huevos se mantengan en perfecto estado y para no dar alas a microorganismos maliciosos:

1. No los laves con agua antes de meterlos en la nevera. Ni aunque vengan de la granja con suciedad vergonzante. ¿Anda, y eso por qué? Pues porque la humedad en la superficie ya hemos visto que favorece la proliferación de microorganismos patógenos y facilita su acceso al interior. Si están sucios de necesidad, lávalos solo justo antes de consumirlos.

2. Respeta la fecha de consumo preferente. ¿En los días siguientes no se pueden comer? Por poder, se puede, pero

siempre que cumplamos dos condiciones: cocinarlos a alta temperatura (más de 75 ºC) y que no hayan pasado más de dos o tres días. Si es más, no te la juegues.

3. Si la cáscara está rota o tiene moho, tíralos sin piedad.

Fiambre

Por definición, los embutidos son formas de conservación a largo plazo de los productos cárnicos. Se inventaron en tiempos en los que no existían refrigeradores, todo lo más, fresqueras y bodegas donde nuestros antepasados se las ingeniaban para que la carne durara todo lo posible (para eso se usa el adobo, el ahumado, los salazones o la inmersión en aceite de oliva).

El embutido curado —jamón, chorizo, salchichón...— si está entero basta con guardarlo en un lugar fresco (lo ideal es entre 15 y 20 ºC), seco, bien ventilado y oscuro. O, por lo menos, alejado de los rayos de sol de forma directa. Aquí no hay truco del almendruco: la mejor manera es como se ha hecho toda la vida: colgado y bien separado para que las piezas ni se rocen.

Pero, ¿qué pasa cuando ya le hemos metido el cuchillo o llegamos a casa con la pieza abierta? Un truco habitual es colocar la pieza con el corte mirando hacia abajo y con la punta tapada con un film transparente, untándola previamente con aceite de oliva. Otro truco es envolver ese extremo con un papel de aluminio sobre el que, previamente, habremos echado un poco de sal gorda.

Los jamones y cecinas van por libre. Aquí sigue funcionando el truco de toda la vida: poner un poco de corteza y de tocino sobre la zona abierta. A continuación, lo cubrimos con un trapo fino de algodón, para que no se reseque y se mantenga a salvo del polvo. El trapo guardapolvos también será nuestro mejor aliado para mantener el lomo y el salchichón frescos y con todo su sabor.

Hasta aquí todo muy bien. Pero imaginemos que vives en Sevilla o en Madrid, es verano y hace un calor de esos que derrite el asfalto. ¿Podemos meter el embutido en el refrigerador para que no se reseque? En principio, los embutidos deben estar siempre fuera de la nevera, porque con el frío se endurecen. Pero si no es elegir entre que se desintegren por calor y salvarlos dentro de la nevera, volveremos al truco de cubrirlos con un paño de algodón húmedo.

Todo lo anterior aplica a los embutidos curados. En el caso de los frescos y cocidos (por ejemplo, el jamón cocido o la butifarra) no hay peros que valgan: al refrigerador a una temperatura entre los 3 y 6 °C. El jamón cocido entero puede durar hasta seis meses en el refrigerador. Ahora, en cuanto lo abrimos, habrá que tapar la zona empezada con un film transparente y no dejarlo así más de cinco días. Si está en lonchas, se pueden dejar en el papel parafinado de la charcutería (si lo hemos comprado allí) o meterlo en un recipiente hermético. Cada día que pase irá perdiendo frescura, así que consúmelo en tres o cinco días. En el caso de las butifarras, las guardaremos en el mismo papel parafinado con que nos las envuelven en la charcutería.

¿Y qué pasa con los curados en lonchas? Este tipo de embutidos tienen tendencia a que se les suba la sal al lonchearlos, es decir, adquieren un sabor más fuerte y un regusto salado, amén de que pierden su gusto y textura original. Tanto si los has comprado en lonchas y te sobran, como si los has cortado en casa, la mejor manera de conservarlos es envasarlos al vacío. Hay electrodomésticos de cocina que lo hacen. Por menos de cien euros hay dispositivos en el mercado bastante dignos que evitan que esas lonchas de jamón ibérico a precio de sangre de unicornio acaben resecas o resaladas.

En caso de no disponer de ese cachivache, o, sencillamente, que ni te lo planteas porque no te cabe otra cosa más en la cocina, pon las lonchas apiladas sobre un plato, cúbrelas con papel parafinado o con un trapo de cocina de algodón (ojo, no lo hagas nunca con papel de plata) y guarda el plato en un lugar oscuro, seco y fresco. Si hace mucho calor y no queda otra que dejarlos en el refrigerador, cúbrelas con un film transparente.

Si los hemos comprado envasados al vacío ya en el supermercado, no hay dilema que valga: se guardan en la nevera y se consumen antes de la fecha que indique el fabricante. Sea cual sea el método con el que los guardemos en la nevera (al vacío o no), hay que sacarlos entre diez y treinta minutos antes de hincarles el diente para que atemperen.

Por qué al envasar al vacío el jamón se pone tan oscuro y otras curiosidades

Seguro que en alguna ocasión te has preguntado por qué la carne del jamón envasado al vacío se ve es más oscura que si estuviera en el plato a temperatura ambiente. Hay una explicación: al extraer el aire del envase para hacer el vacío, el jamón se queda sin oxígeno. Esta circunstancia no afecta al sabor, en cuanto lo abras, el jamón volverá a entrar en contacto con el oxígeno y recuperará su color habitual.

Otra curiosidad *gourmet* que debes saber es que para percibir en su máximo esplendor todos los matices organolépticos del jamón en lonchas envasado al vacío no basta con sacar el paquete de la nevera antes de comerlo. Hay que abrir el paquete para que 'respire' y 'sude' (que se note ligeramente la grasa). Es fácil notar cuándo ya está en su punto: intenta separar las lonchas a mano. Si se deslizan sin dificultad y te queda una ligera grasilla en las yemas de los dedos, ya está para comer. Si aún se quedan pegadas, dale unos minutos más.

Otro detalle que solemos pasar por alto es que al abrir el paquete al vacío, hay que cambiarlo a un recipiente hermético. Si dejamos el jamón en el paquete abierto, las partes que aún están adheridas a las paredes del envase podrían desarrollar moho porque el aire no corre igual de bien por todas las zonas del interior del paquete.

Por último, la pregunta del millón, ¿hay que guardar los paquetes de jamón al vacío en la nevera? Tal vez de estudiante de Interrail te llevaras los paquetes de jamón en la mochila y hayas vivido para contarlo, pero siento decirte que el lugar idóneo para conservar los sobres de jamón ibérico al vacío que tu madre te daba para que comieras porque «a saber cómo se come por ahí, que en Europa solo comen *guarrindongadas*», es la nevera. Y a una temperatura de entre 0 y 4 °C.

En ese estado pueden aguantar perfectamente hasta noventa días. También podemos guardarlos a temperatura ambiente, siempre que estén en un lugar oscuro y no pase de 21 °C, que es la temperatura máxima para la conservación del jamón al vacío. En este caso, solo aguantará unos días. ¿Qué pasaba en tus vacaciones estudiantiles? Que la mochila aportaba la oscuridad y en el norte de Europa las temperaturas tampoco son tan tórridas como en España. Como el viaje (o el propio jamón) no duraba tanto, cumplías con todas las condiciones para que no hubiera riesgos. Pero ahora que ya lo sabes, no juegues a la ruleta rusa del jamón y guarda las lonchas al vacío en la nevera.

CONGELAR Y DESCONGELAR

Congelar es una de las formas más seguras de preservar los alimentos. Al bajar la temperatura por debajo de -2 °C, la mayor parte de bacterias y otros microorganismos patógenos mueren. Otras, como la salmonela, simplemente se aletargan (ojo, no desaparece) y no proliferan. Proliferar es el palabro que los sanitarios utilizamos para referirnos a la reproducción de esas bacterias. Una bacteria solitaria apenas es rival para nuestro sistema inmunitario. En cambio, si aumentan de número y se convierten en legión de bacterias con ganas de difundir el mal, pueden hacer que un alimento se eche a perder, e, incluso, cause peligrosas intoxicaciones al comerlo.

Congelando nos ahorramos esos riesgos y alargamos la vida útil de los alimentos, que, como ya hemos dicho en otras ocasiones, no está la cosa como para tirar el dinero de la compra.

¿Cuánto tiempo puedo tener algo congelado?

Congelar no equivale a conceder el don de la eternidad a los alimentos. Nos van a durar más, sí, pero no toda la vida. Como regla general, no deberíamos dejar ningún alimento abandonado a su suerte más de nueve meses en el congelador. Y eso si es uno de cuatro estrellas. Con menos estrellas, menos tiempo de duración.

Pero, ¿no habíamos dicho que bajo cero los microorganismos están inactivos? En líneas generales, sí, pero a medida que

EL MANUAL DE LA COMPRA INTELIGENTE

pasan las semanas, el alimento se va resecando y puede coger aromas de otros alimentos cercanos. Al cabo de los meses sus cualidades organolépticas pueden dejar mucho que desear y, ya que hemos quedado en que comer es un placer, no querrás que tu lasaña casera sepa a un cruce entre esparto del campo y bacalao al pilpil.

Por lo general, los fabricantes de congeladores establecen los siguientes tiempos máximos de congelado:

Una estrella (*). Solo alcanzan los -6 °C. Puedes almacenar durante una semana los congelados del súper, pero no congelar nada de casa.

Dos estrellas (**). Llegan hasta los -12 °C. Puedes guardar alimentos hasta un mes. Ojo, que en estos congeladores no se eliminan parásitos como el anisakis del pescado.

Tres estrellas (***). Estos alcanzan los -18 °C y podemos almacenar alimentos hasta tres meses.

Cuatro estrellas (****). Bajan hasta -24 °C, lo que nos da un margen entre tres y seis meses para mantener congelados nuestros alimentos.

Congela siempre con letrero
Cuando guardamos las cosas en el congelador pueden pasar solo un par de días hasta que los consumamos, varias semanas o, incluso, meses. Para entonces es más que probable que no te acuerdes de lo que hay en un táper. Abrir el táper e intentar discernir qué hay dentro, cuando los alimentos están congelados, tampoco es fácil. ¿Eso es arroz blanco o quinua? ¿Caldo de pollo o de verduras? Incluso si lo guardaste con un film transparente, puede ser difícil saber si lo que tienes ante los ojos es un filete de pechuga grueso o un trozo de pechuga entera.

Para evitar confusiones y descongelar algo que no querías, hay un consejo práctico: apunta con rotulador indeleble o con una pegatina qué alimento es y la fecha de congelación. Así sabrás si es hora de consumir, tirar o si aún le quedan semanas de vida.

Consejo: compra un paquete de adhesivos blancos de pequeño tamaño y guárdalo en la cocina. Así siempre los tendrás cerca para etiquetar.

¿QUÉ CACHARROS TENGO QUE USAR?

Si vamos a aficionarnos a congelar, conviene tener a mano táperes de plástico de distintos tamaños (mejor cuadrados o rectangulares que redondos para optimizar el espacio), bolsas con cierre zip y film transparente. Los recipientes de pírex o similares también son aptos para congelar.

Los tarros de cristal para conservas a veces estallan. Yo prefiero no jugármela y optar por cualquiera de las anteriores.

El film transparente nos sirve para envolver de forma individual (filetes, pan...). Así evitamos que los alimentos se peguen entre sí o a las paredes del cajón. También nos sirve para evitar la contaminación de olores y sabores y facilita el descongelado en raciones (no tienes que descongelar un kilo de filetes si solo vas a comer tú).

Ten a mano rotulador indeleble o pegatinas para etiquetar cada paquete o cada táper con su nombre y fecha de congelación.

Sea cual sea la opción, además, tenemos que contar con que al congelarse los alimentos se expanden. Por eso siempre dejaremos un huequito entre el alimento y la tapa. De lo contrario, rebosará o estallará el recipiente.

¿QUÉ ES ESO DE 'SABER A CÁMARA'?

Una de las frases que más repite el televisivo chef Alberto Chicote cuando va a un restaurante en su programa de la tele es «esto sabe a cámara». Quiere decir que se han congelado muy próximos varios alimentos diferentes y han cogido aromas de los vecinos durante su estancia en el arcón. Sucede cuando congelamos pan o helados cerca del besugo. Por no hablar del hielo, que absorbe todos los olores y luego la Coca Cola te sabe raro. Cuanto más tiempo pasen juntos los alimentos congelados, peor.

Podemos evitarlo siguiendo tres reglas sencillas:

Tapar al 100 % cada alimento

Esta es la regla principal para preservar las cualidades organolépticas de cada producto. Yo las resumo en estas siete:

1. Cierra bien las bolsas después de abrirlas con una pinza (por ejemplo, la del pescado cuando solo coges una rodaja de merluza, pero compraste un kilo).

2. Asegúrate de que las tapas de los táperes cierran correctamente.

3. Los táperes no se llenan nunca hasta arriba. De lo contrario, al congelarse y aumentar de tamaño, es posible que acabe abriéndose y compartiendo aromas y sabores con otros próximos.

4. Envuelve del todo cada filete, cada pan o lo que sea que entre en el congelador.

5. El pan que ha sobrado de la cena no puede ir en el cajón donde guardas los calamares.

6. Nada de meter alimentos sin tapar o envolver. Ni pan, ni purés, ni nada de nada.

7. La cubitera de hielo procuraremos dejarla los más alejada posible de alimentos de olores fuertes, como el pescado.

Usar cajones diferentes

Uno para las verduras, otro para las carnes y otro para platos preparados. Las verduras congeladas son por naturaleza menos olorosas. Aprovecha ese cajón para el pan. Los hielos siempre en su bandeja.

Limpiar regularmente

Además de por higiene, nos sirve para localizar alimentos que ya lleven demasiado tiempo congelados y chequear fechas de caducidad. Recuerda: congelar no convierte a la comida en eterna.

¿Cómo descongelar?

Si congelar es relativamente fácil, descongelar requiere prestar cierta atención para que los alimentos no pierdan cualidades en el proceso. Bien descongelado, un alimento tendrá las mismas cualidades nutricionales y casi las mismas cualidades organolépticas que uno fresco.

Hay tres formas de hacerlo:

En el microondas

Es la forma más rápida. Selecciona siempre la función 'descongelado' y ajusta el tiempo a la cantidad y grosor de los alimentos, procurando extenderlos lo más posible en el recipiente para que se descongelen todos por igual. Podemos, incluso, girarlos, moverlos de cuando en cuando o extraer los trozos que ya estén listos para que el descongelado sea más uniforme. La clave está en que el centro se descongele bien sin que los extremos se cuezan. Un puré puede tardar diez minutos, un filete de pechuga, tres, y un trozo de pan, un minuto.

Sinceramente, calcular el tiempo es un arte que se basa en la experiencia. Lo único incontestable con este método es que hay que cocinar inmediatamente.

Sumergir en agua

Era la opción rápida habitual hasta que los microondas se convirtieron en habituales en la cocina. Ojo: no se trata de poner bajo el chorro de agua templada, sino de poner en remojo en agua fría (a unos 10-15 ºC). La diferencia de temperatura hace que el alimento congelado vaya atemperándose de forma gradual. Con este método hay que asegurarse de que la bolsa, o el recipiente de congelación, cierra herméticamente o se nos llenará de agua.

Si el alimento es de una o dos raciones (algo menos de un kilo contando con las salsas), tardará algo menos de una hora. Si es más grande, puede alargarse dos o más horas.

En el refrigerador

Es el método más seguro, pero también, el más lento. En el capítulo de cómo planificar la compra hablamos de que primero debemos realizar el menú. Pues bien, si lo seguimos a rajatabla, será fácil sacar del congelador el táper de lentejas para el almuerzo y dejarlo en el refrigerador (que está a una temperatura entre 5 y 4 °C) antes de irnos a la cama. Si es un alimento muy grande habrá que dar más tiempo para que se descongele por completo (el pavo de Nochebuena, por ejemplo, puede tardar hasta 24 horas en descongelarse).

Además de tener en cuenta el grosor de cada alimento, hay que prestar atención a sus peculiaridades y cómo pueden afectar a otros alimentos próximos. Es el caso de los filetes o piezas de pescado, que nunca deben quedarse directamente sobre el estante donde los pongamos a descongelar. La razón es la misma que ya vimos cuando descargamos la compra: al descongelar sueltan jugos que podrían realizar una contaminación cruzada con otros alimentos del frigorífico. Para evitarlo, los pondremos sobre un plato o, mucho mejor, en un recipiente para descongelar con rejilla (son baratos y los venden en cualquier tienda de artículos de menaje).

Escribir el menú semanal ayuda a descongelar

En los últimos años se ha puesto de moda hablar del *batch cooking*, que viene a ser la forma moderna de referirnos a cuando las madres nos daban táperes de comida casera en nuestra época de piso de estudiante y los congelábamos para ir tirando toda la semana.

Pero la gracia del *batch cooking* no es solo cocinar y guardar (o congelar). Es planificar qué vamos a comer mañana para sacarlo por la noche y dejar que vaya descongelándose dentro del refrigerador. Así no hay que hacer un descongelado de emergencia con el microondas ni gastamos agua del grifo. De esta forma, ahorramos en tiempo, en la factura de la luz y el agua y, encima, la comida queda mejor.

SI COCINO UN ALIMENTO DESCONGELADO, ¿PUEDO VOLVERLO A CONGELAR?

Pongamos que compraste pechuga de pollo y la congelaste. Pasadas unas semanas, la descongelaste para preparar un pollo al curri. Te salieron varias raciones, no te apetece tirarte dos días seguidos comiendo lo mismo y te planteas congelar. ¿Puedes? ¡Por supuesto!

En ese proceso de cocinado hemos destruido a las bacterias sensibles al calor y el propio caldo del guiso sustituirá los jugos perdidos al descongelar, con lo que el alimento no perderá jugosidad. Aquí lo importante es asegurarnos de que se enfría rápido y meterlo cuanto antes en el congelador. Nada de dejarlo en la repisa varias horas para enfriar y que se nos vaya el santo al cielo. Recuerda que entre los 65 y los 5 °C las bacterias se sienten cómodas para proliferar. Si lo congelamos lleno de bacterias, volveremos a toparnos con muchas de ellas en el plato si tras descongelarlo solo lo calentamos, sin que supere esos 65 °C.

Por último, aquí siempre me gusta recalcar que podemos congelar un alimento siempre y cuando no superemos el tiempo razonable antes de que se eche a perder. Dicho de otra manera, si en 48-72 horas no te lo has comido, puedes congelarlo. Más allá, mejor curarnos en salud y tirarlo a la basura.

Si vas a congelar, hazlo cuanto antes

Este consejo suena a perogrullada, pero si tienes la sospecha de que acabarás congelando un plato ya cocinado, tanto si alguno de sus ingredientes estaba descongelado, como si todos eran frescos, déjalo en la parte delantera del estante de la nevera. Si se va al fondo es probable que se te olvide.

Esto que parece algo raro no lo es tanto. De hecho, es habitual cuando preparas cena para algún miembro de la familia y luego por lo que sea, no llega a casa a cenar.

Una vez congelados, el cronómetro de los alimentos se vuelve a poner a cero. Es decir, que ese pollo descongelado y en pepitoria, en salsa de curri o con salsa de manzana empieza de nuevo a contar como si acabara de llegar de la pollería.

¿PUEDO CONGELAR ALGO DESCONGELADO, PERO SIN COCINAR?

Pongamos que sacaste un solomillo porque pensaste que esta noche ibas a cenar a lo grande. Luego, te liaste con los colegas y acabaste tapeando puntillitas, patatas bravas y otras tantas raciones. Al día siguiente, ves tu solomillo, tristón y abandonado en la nevera, ¿le puedes dar una segunda oportunidad y volverlo a congelar como si nada hubiera pasado?

Esa es la pregunta del millón. Y la respuesta sincera, con el corazón en la mano, es que no deberías, pero que hay excepciones. Como diría Jack el Destripador, vayamos por partes. Lo ideal es no volver a congelar. Por dos razones:

— Con cada descongelado el alimento pierde cualidades organolépticas

— Aumenta el riesgo de proliferación de microorganismos patógenos

Pérdida de cualidades organolépticas

Esto seguro que ya lo sabes: el alimento descongelado pierde textura y sabor. Al ponerse a temperaturas bajo cero, el agua de los alimentos (sí, todos los alimentos tienen una parte considerable de agua) se congela. Para ponernos en situación, el 91 % del brócoli es agua. También lo es el 76 % de una merluza, el 66 % del pollo y entre 71 y 73 % de la carne de vacuno. Aquí da igual que tu congelador sea viejuno o el último modelo *No Frost* de esos que no hacen escarcha: el agua de dentro de tu solomillo se va a congelar. Ya sabemos que el hielo ocupa más que el agua (por eso nunca llenas la cubitera a ras), así que, al congelarse, se expande y rompe algunas fibras de tu solomillo o de tu merluza para hacerse hueco.

Al descongelarse esas fibras agujereadas como un colador ya no vuelven a su ser. Encima, como se han roto, pierden agua (recuerda, es el agua del propio alimento). Es ese caldo de color incierto que queda debajo del filete al descongelar y que hace que sea más reseco que uno recién cortado. O el agua que queda bajo tu rodaja de merluza, emperador o sepia al descongelar. Si lo volvemos a congelar y a descongelar, el proceso de roturas volverá a producirse.

Cuantas más roturas, menos agua, cuanta menos agua, más sequedad. Así que al final tendremos un filete tieso y con sabor a corchopán. Desde el punto de vista organoléptico, es una lástima. Mirado desde una perspectiva de economía doméstica te diría que es un despilfarro comprar un solomillo lustroso y acabar comiéndote algo con sabor y textura de suela de zapato.

Proliferación de microorganismos patógenos

Por resumir, para que las bacterias con ganas de hacer el mal se reproduzcan solo necesitan temperaturas entre 5 y 65 °C y agua. Y eso es lo que tienen cuando descongelamos un filete de forma descuidada. A temperaturas bajo cero muchos microorganismos mueren, pero otros solo se aletargan. Al descongelar por encima de cinco grados, vuelven de su hibernación con ganas de dar guerra. Por eso siempre recomendamos descongelar dentro de la nevera y no en la repisa. Pero, ¿y el agua? Ya la tienen: es el jugo ese que queda bajo el filete o la rodaja de pescado.

La cosa puede empeorar si los manipulamos con las manos sucias (por ejemplo, al sacarlos de la bolsa de congelados o desenvolverlos) y los dejamos descongelando fuera de la nevera. Por todo esto la Agencia Española de Consumo, Seguridad Alimentaria y Nutrición (AEASAN), dependiente del Ministerio de Sanidad, afirma con rotundidad que «nunca se debe congelar de nuevo un alimento que se ha descongelado, a no ser que se cocine antes de volver a congelarlo».

Volviendo a la pregunta inicial, ¿podrías 'recongelar' ese salmón o ese solomillo que sacaste pensando en hacerlo para la cena, pero que no llegaste a cocinar? La respuesta es sí, siempre que no pase de los 5 °C y que no te importe que pierda calidad.

Mi consejo, para evitarnos sustos, es cocinarlo a más de 65-70 °C durante al menos dos minutos antes de volver a congelar. Así nos aseguramos de que mueren todos los microorganismos. Aunque, lo mejor es planificar bien qué vamos a comer para no descongelar en balde.

¿CÓMO HACEN LOS CATERINGS PARA CONGELAR Y QUE QUEDE BIEN?

Hemos visto que cuando cocinamos en casa hay que dejar que los platos se enfríen antes de meterlos en el congelador. Los restaurantes, hoteles y empresas de catering compran, cocinan y congelan en grandes cantidades y sin esperar. En su caso, la cosa tiene truco. En vez de dejar enfriar en la repisa, meten los platos aún calientes (por encima de 65 °C) en un abatidor de temperatura. Viene a ser como un aparato para congelar de forma ultrasónica. Los alimentos se congelan tan rápido que no da tiempo a que se formen macrocristales de hielo. Solo se forman pequeños microcristales que no dañan tanto los alimentos. Al hacerlo tan rápido, además, da menos tiempo a que las bacterias proliferen a sus anchas. De ahí ya pasan tranquilamente a los arcones de congelar. Para descongelar cuentan con regeneradores, que básicamente son hornos de vapor que trabajan por debajo de 120 °C.

Como congelan y descongelan muy rápido, sin daños en los alimentos, ni riesgos de bacterias, pueden volver a congelar sin que los alimentos sufran demasiado. En casa, mejor descongelar y comer.

¿Y si se va la luz en casa, que pasa con mis congelados?

Es uno de los grandes tormentos cuando vemos el congelador lleno. A diferencia del refrigerador, donde los alimentos fríos no aguantan más de cuatro horas si se va la luz, y eso siempre que no se abra la puerta, en el congelador pueden aguantar hasta 48 horas, siempre que no se abra la puerta y el congelador esté lleno. ¿Y eso? Cuantos más alimentos congelados, más frío y más tardan en ganar temperatura. En cambio, si está medio lleno, no aguantarán más de 24 horas.

A veces, no hace falta que se vaya la luz para que aumente la temperatura del interior del congelador. Basta con que alguien se deje la puerta mal cerrada para que el frío se escape y el calor tome posiciones. Muchos aparatos cuentan con un sistema de alarma que avisa cuando la temperatura del interior del congelador sube. También suelen llevar marcadores electrónicos que avisan de la temperatura interior. Si pasa de 4 °C durante más de 2-4 horas empieza a pensar en despedirte de lo que hay en el interior.

Y ESTO, ¿CÓMO SE CONGELA?

La congelación no es un paso final, sino uno intermedio. Esto nos obliga a pensar a la inversa a la hora de meter un alimento en el congelador. Lo primero es plantearnos cómo vamos a prepararlo para que el proceso cambie la estructura de ese alimento lo menos posible.

Lo siguiente es saber qué tal le sienta a cada alimento lo de someterlo a temperaturas bajo cero. Algunos casi ni se inmutan, otros, en cambio, no lo llevan igual de bien y al descongelarlos han perdido parte de sus cualidades.

Por último, no podemos perder de vista que la congelación en la cocina, además de ayudarnos a conservar los alimentos durante más tiempo, es un sistema que nos ahorra mucho tiempo preparando alimentos. Por tanto, a la hora de congelar tenemos que tener claro cómo y cuándo vamos a comernos cada alimento. ¿Nos lo vamos a llevar al trabajo para calentarlo en la cocina de la oficina? ¿Será la cena de los niños el próximo miércoles? ¿La cena de toda la familia? Las raciones y el recipiente donde congelemos en este caso sí que son relevantes.

A lo largo de este capítulo recopilamos un buen ramillete de consejos para perder el miedo a congelar y sacarle el máximo partido. También, para no intentarlo con aquellos alimentos que quedan mal después de congelar.

Dime cómo lo vas a comer y te diré cómo congelar
Una de las ventajas del binomio congelado-microondas es que los alimentos se pueden congelar, calentar y hasta comer en el mismo recipiente (esto último solo suele ocurrir si estamos fuera de casa, porque en casa es de ser muy dejado comer en un táper por no sacar un plato y servir la comida en él).

Esto significa que antes de meter un alimento en el primer recipiente que aparezca en el armario tenemos que pararnos a pensar cómo se va a comer para no tener que andar peleando con un bloque de comida congelada de la que solo queremos una porción. O para no llenar el congelador con un montón de raciones individuales si vais a comer toda la familia junta.

Las reglas para elegir el recipiente se resumen en estas tres:

Adecuar el tamaño de la ración a los comensales
Imaginemos que hemos hecho un puchero grande de lentejas. Podemos pasarlo a un recipiente y congelarlo todo de una vez o hacerlo por raciones. Lo primero tendrá su lógica si, por ejemplo, queremos reservar las lentejas para la comida familiar del domingo. Por el contrario, si vamos a servirlas por raciones, habrá que pensar cuántos comensales tendremos en cada momento para elegir así el recipiente más adecuado.

El ejemplo de las lentejas vale para el resto de alimentos. ¿Vas a comerlas tú solo? Porción individual. ¿Será para dos personas? Porción para dos. Y así sucesivamente.

Elegir el tamaño del recipiente acorde a los comensales
Parece lo mismo, pero no lo es. Pongamos que tienes pensado servir esa comida para dos personas, por ejemplo, que las lentejas sean la comida del sábado de tus dos hijos. Puedes meterlas en dos táperes pequeños, pero en términos de tiempo en la cocina es mucho más cómodo meterlo todo en un solo recipiente, aunque sea más grande. No solo porque se almacena mejor, sino porque a la hora de calentar para servir, acabas antes. Piensa que a veces dos táperes pequeños no caben dentro del microondas, mientras que uno solo, aunque sea de mayor tamaño, sí. Puede parecer nimio, pero cuando tienes a dos ni-

ños peleando porque quieren empezar a comer ya mismo, esos minutos de diferencia entre calentar solo un recipiente o dos de forma sucesiva pueden ser vitales.

¿Para casa o para la oficina?
Si es para casa una forma de aprovechar al máximo el espacio son las bolsas con cierre zip. A mí me encantan, por ejemplo, para congelar la salsa boloñesa en porciones individuales. Incluso para unos muslos de pollo en salsa. ¿Que llegas un día con hambre y sin ganas de cocinar? Te haces un poco de pasta (o la descongelas, según si te gusta al dente o te da igual que esté algo más blanda), descongelas la salsa y en un periquete tienes la comida lista. O abres la bolsa con los dos muslos, los pones en un plato, calientas y en lo que pones la mesa, tienes la comida lista.

El problema de las bolsas con cierre zip es que al sacar el contenido es fácil pringarse. Y no es una maniobra visualmente muy agradable para perpetrar en público, mucho menos, en la cocina del trabajo. Si congelamos pensando en llevar la comida a la oficina, evitemos estas bolsas. En este caso, son mejores los táperes de toda la vida, siempre que cierren bien. Con el tiempo, las tapas de algunos recipientes se deforman un poco y dejan de ajustar correctamente. No tiene una importancia capital si solo los usas en casa, porque es difícil que se volteen. Pero si piensas llevarte las lentejas u otra comida con algo de caldo o salsa a la oficina, una tapa que no cierre bien y se abra puede causar un desastre con mayúsculas.

¿Se puede calentar un táper de plástico en el microondas?
Depende. No todos los recipientes de plástico de uso alimentario son aptos para usarse en microondas, ya que algunos pueden soltar sustancias potencialmente nocivas si se someten a altas temperaturas. Si una tartera o táper es apto para usar en el microondas el fabricante está obligado a indicarlo con un símbolo que normalmente es el de un microondas o, sencillamente, una sucesión de ondas horizontales.

En cualquier caso, recuerda que para calentar debes poner el microondas a una potencia baja. Por lo general, con el 15 % de potencia es suficiente para calentar alimentos o líquidos de tamaño pequeño. Ponerlo a más potencia puede hacer que se resequen los alimentos, o, incluso, que estallen dejando las paredes interiores impregnadas de restos de comida.

Si no solo vas a calentar, sino que previamente necesitas descongelar, tendrás que ponerlo al 25 % o , incluso, al 50 % de potencia si lo que quieres descongelar es grande y quieres hacerlo muy rápido. Cuanta más potencia y más irregularidades tenga un alimento, más probabilidad de que se cueza por los extremos y se quede frío en el interior.

REGLAS PARA CONGELAR SEGÚN CADA ALIMENTO

La primera regla de oro es que no debemos meter nada caliente en el congelador, ya que podría romper la cadena de frío de los alimentos próximos. La siguiente es tener en cuenta las características de cada alimento para preservar lo más posible su textura y sabor.

Carne y aves

Los filetes se envuelven uno a uno en film transparente. Si son piezas grandes (un redondo o una pechuga de pollo), asegúrate de que cubra toda su superficie. Las piezas pequeñas (chuletas, alitas…) pueden congelarse juntas y aisladas del resto con film transparente o un recipiente de plástico con tapa.

Pescado

Si tu pescadero no lo ha hecho antes, tienes que limpiarlo bien bajo el chorro del grifo para eliminar resto de sangre o escamas y eviscerarlo. Una vez seco, ya podemos congelarlo. Personalmente me gusta congelarlo en las porciones tal como lo voy a consumir, ya sean rodajas o filetes. Así no tengo que descongelar la pieza entera si solo voy a cocinar unos trozos. El pescado y el marisco conviene guardarlos en la zona más fría del congelador (normalmente, el cajón superior o el de arriba y el de abajo). Es fácil saber cuál es: los fabricantes suelen señalarlo con dibujos, indicando incluso cuánto tiempo se recomienda conservarlo congelado. No olvides meterlo siempre en recipientes herméticos para que no contamine de aromas a otros alimentos.

Verduras
Tenemos dos formas de proceder. La más segura es lavarlas bien y escaldarlas unos segundos. Así eliminaremos posibles bacterias, sin alterar la estructura del alimento. Si no también podemos limpiarlas, trocearlas y ponerlas a congelar. Una bolsa o un táper es perfecto para estos alimentos.

Hierbas aromáticas
Igual que las verduras crudas: cortar y congelar.

Caldos y purés
En táper o bolsa con cierre zip. Al ser alimentos muy líquidos, piensa que llevan mucha agua y que aumentarán considerablemente su tamaño. Deja algo de espacio para que se expandan durante la congelación. Los fideos pueden congelarse, pero quedan bastante blandos. Mi sugerencia es congelar el caldo solo y añadir los fideos al calentarlo.

Huevos
Se pueden congelar huevos frescos, pero sin cáscara. ¿Por qué? Porque la yema y la clara son líquidas. Al congelarse y aumentar de tamaño, harían que la cáscara estallara. Sabiendo esto podemos congelar los huevos enteros juntos, batidos o separar yemas y claras. El mejor recipiente es una bolsa con cierre zip en la que apuntaremos cuánto huevos hay y la fecha. Los huevos cocidos, en cambio, no aguantan bien el congelado. Pierden sabor y toman una consistencia entre dura y gomosa.

Pan
En teoría aguanta hasta seis meses si lo guardamos bien en una bolsa de plástico. Mi consejo es que no lo guardes más de un par de semanas porque es un alimento que se impregna con

facilidad de olores y acaba sabiendo raro. En cuanto a la textura, no vamos a engañarnos, queda más reseco y menos tierno. Aunque salga caliente del microondas, el pan dista mucho de quedar igual que recién salido de la tahona. A cambio, puedes tener pan para acompañar unos huevos fritos cualquier día y a cualquier hora.

Queso

Si está en cuña y al vacío aguanta el congelado sin problemas. El queso rallado lo puedes congelar en una bolsa con cierre zip procurando que no quede aire dentro.

Jamón, panceta o beicon

El tocino congela más despacio y a menor temperatura que las partes magras. Durante el proceso se puede enranciar o alterar su textura. Al descongelar el producto es posible que tenga un sabor raro. Aun así, es perfectamente comestible. De hecho, al ser un producto cárnico curado, pero en crudo, congelar es la única forma para que las embarazadas puedan comer jamón sin temor a la toxoplasmosis u otras bacterias.

Regla de oro para ser un maestro de la congelación

Todos estos alimentos pueden aguantar varios meses en el congelador. Sin embargo, cuanto menos tiempo pasen congelados, mejor será su textura y sabor.

¿HAY ALIMENTOS QUE NO SE PUEDAN CONGELAR?

Por poder, se pueden congelar todos. El problema es que al descongelar podemos encontrarnos texturas desagradables.

En general, no recomiendo congelar:

Patatas hervidas

Quedan blandas y con una textura pastosa. Ten en cuenta esto con tus guisos: se pueden congelar siempre que no haya patatas. En caso de haber, quedará una textura similar a la del puré de patata, poco agradable para un guiso.

Fruta
(Salvo los frutos rojos, el mango y el plátano en rodajas). Al descongelar quedan blandas y, la verdad, poco apetecibles.

Salsas con mucha grasa o con huevo crudo, como mayonesa.

Nata

Verduras de hoja verde (lechuga, endivias...)
Al tener una alta cantidad de agua y ser hojas finas, los daños por congelación son tremendos. La textura final se parecerá más a una acelga cocida que a una hoja de lechuga.

Pasta y arroces
Pueden congelarse, pero pierden firmeza. Va en gustos: si te va la pasta al dente, nada de congelar. Si no te molesta, puedes cocer pasta en grandes cantidades, congelar en porciones acorde a las personas que la vayan a consumir en cada momento (para una persona, para dos...). Así ahorras tiempo y energía. Lo mismo con la paella: si no te perturba recalentarla, adelante. Si eres un purista, no congeles porque vas a sufrir con el resultado. Y lo sabes.

Tartas y pasteles
Como sucede con otros alimentos con grasas, la textura y el sabor pueden alterarse. Además, el bizcocho tiende a resecarse. No es que no se pueda, de hecho, se venden tartas congeladas, pero distan bastante de la jugosidad de una tarta recién hecha.

FONDO DE ARMARIO EN TU DESPENSA

Queridos jóvenes que os mudáis a vuestro primer piso de vida adulta: leed este capítulo como si os fuera la vida en ello. Porque en parte, os va. Al menos si no queréis encontraros una noche con que no hay nada para cenar. O que tenéis de casi todo, habéis invitado a vuestro *crush* para que vea lo bien que se os da la cocina, y, de pronto, falta algún ingrediente esencial, como aceite o sal.

Una cocina no es cocina si no cuenta con ciertos ingredientes básicos para funcionar. Y no nos referimos a cubertería, vasos y platos. Hablamos de ese puñado de ingredientes que son como unos vaqueros: tienen que estar sí o sí en tu armario. Ya te encargarás tú de dar el toque informal o suntuoso. Yo los llamo ingredientes de fondo de armario.

¿QUÉ DEMONIOS ES UN FONDO DE ARMARIO EN LA COCINA?
Hemos tomado prestada una expresión muy habitual en las revistas de moda: fondo de armario. Se refieren a esas prendas de ropa atemporales, que te valen para vestir casual o para un día que quieres ir más arreglado, y que están de moda ahora y dentro de diez años. Un pantalón vaquero recto de toda la vida, por ejemplo, sería un básico de fondo de armario. Puede que no te lo pongas un año, pero no se pasa de moda.

En la cocina me gusta llamar fondo de armario a aquellos alimentos que siempre están ahí para echar mano, aunque no los uses a diario. Luego están los de uso habitual y los esporádicos o de temporada.

Los de fondo de armario, obviamente, son esos que se guardan sin refrigeración. No pasa nada si no los tocas en una semana o en un mes. Son esos que siempre dejas en casa cuando te vas de vacaciones para tener algo que comer el día del regreso.

– Los de uso habitual son los que apuntas en la lista de la compra cada semana: carne, pollo, pescado, fruta, yogures... Normalmente son frescos o con fecha de consumo preferente no muy larga, así que no puedes almacenarlos durante mucho tiempo.

– Esporádicos y de temporada no básicos. Los primeros, para entendernos, son esas tentaciones que te cautivan un día mientras empujas el carrito en el supermercado y que te llevas a casa para probarlas. Puede ser una salsa nueva, una conserva de setas *shiitake* o ese chocolate relleno de cacahuetes que no habías visto en la vida. Si te gustan mucho, mucho, y tienes dónde acoplarlos en tu menú semanal, pasarán a ser de uso habitual. Si no, se quedarán en intento o, como yo los llamo, capricho esporádico.

– Entre los de temporada que no son básicos, pero tampoco caprichos de un día, tendríamos el turrón, la levadura de pastelería (en caso de confinamiento por pandemia) o cualquier pan tostado de esos que, de pronto, te encanta, te pasas unas semanas comiéndolo y, sin venir a cuento, te cansas, y puedes tirarte meses sin volverlo a comprar. Flechazos que te duran unos días y luego puedes tirarte meses sin volver a catar y sin echarlos de menos.

En este capítulo vamos a centrarnos en los básicos, los que hemos llamado 'de fondo de armario'. Esos productos que sí o sí tienes que tener, aunque no los uses a diario. ¿Por qué incidimos tanto en ellos? Porque son también ese puñado de básicos que debemos tener en cuenta cuando nos vamos al apartamento de vacaciones y no queremos complicarnos la vida, ni cocinando, ni echando horas en un supermercado de zona de veraneantes en temporada alta. Es más, confieso que tengo una mini lista de la compra en una libreta pequeña que me llevo siempre de vacaciones con esos básicos para comprarlos nada más llegar al apartamento de la playa. A partir de ahí, solo compro puntualmente producto fresco, hielo o caprichos. ¡Que las vacaciones son para aprovechar el tiempo con los tuyos, no para aguantar cola en un supermercado!

En el fondo de armario suelo a diferenciar entre:

– Los básicos de nivel subsistencia

– Los que te apañan un día

– Los del buen anfitrión

BÁSICOS NIVEL SUBSISTENCIA

En este epígrafe me refiero a esa primera compra indispensable que tienes que hacer para empezar a funcionar en una cocina. Es el abecé de un piso de estudiantes y la compra esencial que uno hace cuando se muda por primera vez a su piso.

Aceite

Imprescindible en cuanto quieras usar una sartén para un huevo frito, rehogar unas verduras o hacer muchos guisos. Sin él, estás abocado a cocinar al vapor, a cocer o a tirarte horas rascando en la sartén porque todo se va a pegar, aunque sea de teflón. La sugerencia suele ser el aceite de oliva, mucho mejor si es virgen extra (AOVE, por sus siglas).

¿Qué es eso del AOVE?
Vayamos por partes. De entrada, no todos los aceites de oliva son iguales. Y no nos referimos a marcas, sino a los distintos tipos de aceite de oliva según su forma de producción, de

acuerdo a la normativa vigente. Vaya por delante que todos son perfectamente seguros desde el punto de vista alimentario, pero sus cualidades organolépticas (sabor intenso y afrutado y color brillante) y nutricionales varían.

Si pusiéramos esos distintos tipos de aceite formando una torre, el AOVE estaría en la parte superior. Y no es para menos: es el que se extrae exclusivamente prensando la aceituna. Cuanto mejor sea la aceituna (no es lo mismo una del primer día de cosecha que una recogida en otro momento), mayor calidad y, claro, también un precio más alto. Su grado de acidez no puede pasar del 0,8 %. Es el que más antioxidantes naturales contiene, sobre todo, vitamina E, oleocantal y escualeno, y el que menos ácidos grasos libres lleva. También es el mejor para usar en crudo.

¿Y el resto de aceites de oliva?
El aceite de oliva virgen se extrae de la misma forma que el virgen extra, es decir, prensando la oliva. Si las aceitunas del AOVE juegan en la *Champions* de las aceitunas, las del aceite de oliva virgen normal son el resto de equipos, es decir, no tienen tanta calidad. Por eso su grado de acidez es más alto (entre 0,8 % y 2 %) y llevan más ácidos grasos libres. Esto no quiere decir que sea malo. De hecho, es perfecto para freír o cocinar.

Finalmente, el aceite de orujo es una mezcla de aceites de oliva virgen y aceites obtenidos con procesos químicos a partir del residuo sólido de la aceituna. Es decir, se da una pasada más a la molienda de la aceituna, en la primera saldría el virgen, y en el segundo turno, el orujo. El grado de acidez máximo no puede superar el 1,5 %. Es apto para el consumo humano, pero su calidad es la más baja de todos. También es el más asequible. El aceite de orujo de oliva es habitual encontrarlo en freidurías baratas y en algunos restaurantes para engrasar las planchas.

¿Por qué hay tanta devoción por el aceite de oliva?
Desde fuera puede parecer que los mediterráneos sacamos mucho pecho por nuestro oro amarillo verdoso, pero lo cierto

es que el aceite de oliva es muy rico en ácidos grasos monoin-saturados (sobre todo, ácido oleico), con acción antioxidante y propiedades cardiosaludables, por eso se suele señalar como «el mejor de los aceites». También tiene un precio superior y un sabor peculiar, que puede no gustar a todos los paladares. En este punto se trata de una cuestión de economía doméstica y de gustos. Si da para un AOVE, fenomenal, si no llega más que para un orujo de oliva, pues orujo.

El resto de aceites, ¿qué pasa con ellos?
El de oliva no es el único aceite que puedes encontrar en el mercado, y tampoco es un drama. Ahí está el de girasol, otro aceite cuyo uso está muy extendido en España y también tiene cualidades excelentes. Sobre todo, aporta ácidos poliinsatura-dos, predominando el ácido linoleico (omega 6) y vitamina E. Los hay hasta biológicos de alta calidad con un increíble sabor a pipas de girasol y que están muy ricos en crudo.

Los aceites de maíz, soja y colza (sí, ese que en España tiene una mala fama inmerecida por el escándalo del síndrome tóxico por la colza desnaturalizada allá por 1981) son muy usados en otros países, pero tienen menos tirón en España. Sus cualidades no son tan buenas como las del aceite de oliva, pero si no hay otra alternativa, puedes consumirlos sin problemas (por ejemplo, si estás viviendo en Noruega es probable que compres colza).

¿Caduca el aceite?
Una botella de aceite tiene una vida relativamente larga (unos nueve meses, según la variedad de la aceituna) siempre que no hagas demasiados fritos. Guárdalo en un lugar seco, fres-co y donde no le dé la luz del sol y vigila que no se pase su fecha de consumo próximo. En los pisos de estudiantes corre la leyenda de que el aceite de oliva no caduca nunca, vamos, que es casi inmortal. Esta es una verdad a medias. Cierto que, una vez pasada su fecha de consumo preferente, se puede se-guir consumiendo casi hasta el infinito. Otra cosa es que su sabor u olor puedan variar (en concreto, tirar a rancio) y que sus propiedades beneficiosas (los antioxidantes, por ejemplo)

se reduzcan. Algo similar sucede con el de girasol. Es decir, se puede consumir después de la fecha de consumo preferente, pero, a medida que pasa el tiempo, se irá enranciando, oscureciendo, poniéndose denso y, en resumen, volviéndose poco apetecible. Digamos que un aceite pasado es como la momia de Tutankamón: ha aguantado bien el paso de los siglos, pero no le meterías el diente.

Aceite de oliva virgen extra, ¿para freír o para crudo?

Habrás visto que hay aceites de oliva virgen extra a precio normal y otros, normalmente en botella de cristal, más o menos bonita, bastante más caros. ¿A son de qué esta diferencia? El de la botella suele tener una calidad normal y es perfecto para freír o cocinar. Los otros, en cambio, tiene más calidad desde el punto de vista organoléptico, por eso son excelentes para usar en crudo. Y valen su precio en oro cuando no tienes ganas de cocinar.

¿Que llegas a casa cansado y sin demasiada hambre? Un tomate cortado en rodajas con un chorretón de AOVE, sal en escamas y un trozo de pan para pringar y ya tienes una cena de emergencia rica, rica (como diría Arguiñano), saludable y lista en un periquete. Y lo mismo con las ensaladas o las verduras a la parrilla. Un chorretón de AOVE por encima y eso es gloria bendita.

Por cierto, ¿sabías que el licopeno del tomate, su antioxidante por excelencia, se asimila mejor si se acompaña de alguna grasa como el aceite? Esto se debe a que el licopeno es liposoluble, es decir, necesita de una grasa para asimilarse como es debido. Al acompañar el tomate de algún alimento graso, como el aceite o un aguacate, nos estamos haciendo un favor a nosotros mismos. Mucho más si el tomate se consume caliente, ya que, de esta manera, el licopeno intensifica su potencial antioxidante. Vamos, que la salsa de tomate frito es una excelentísima forma de aprovechar los nutrientes de esa fruta (sí, recuerda, es una fruta).

Sal

Sirve para realzar el sabor. Puede que en tu hoja de ruta estés reduciendo la cantidad de sal que usas en la comida y eso está bien. Pero algunos alimentos, como las verduras a la parrilla o las carnes, mejoran mucho con una pizca de sal. En concreto, con sal en escamas (la crujiente).

Pasta

Un plato de macarrones con un chorretón de aceite o unos espaguetis con tomate te salvarán de quedarte sin cenar en más de una ocasión. La pasta italiana es barata en todas partes, incluso en los países escandinavos donde para un español todo es caro (salvo que te vayas a la pasta fresca o a especialidades delicatesen del estilo '*papardelle* al *nero di* sepia bio', que ahí, sí que son más caros.

La pasta cuenta con las ventajas de que se almacena con facilidad en la alacena y tiene una larga duración. Aunque se suele decir que no caduca, tiene fecha de consumo preferente en torno a dos años o dos años y medio después de su fabricación. Pasado ese plazo, tienes otros seis meses en los que se puede comer sin poner tu vida en riesgo y sin que lo que te llevas a la boca sea un adoquín.

La hay al huevo y sin huevo. La diferencia está en que las que llevan huevos frescos resultan más suaves, jugosas y elásticas que las que solo llevan sémola de trigo. También puedes elegir entre pasta realizada con trigo refinado o integral. La integral tiene un gusto en boca más basto, pero ayuda al funcionamiento de tu flora intestinal. Traduciendo: te ayuda a ir al baño como un reloj.

En los últimos años es fácil encontrar en muchos supermercados macarrones o *tortellini* de legumbres, sobre todo, garbanzos o lentejas. Es un buen intento para incorporar la legumbre en el menú de aquellos que se llevan mal con ellas, pero su precio es muy superior al de la pasta de cereal y su textura es menos jugosa. Ya lo siento, pero la pasta de legumbres se puede clasificar dentro de la lista de caprichos, o en la de alimentos esporádicos, pero no da la talla para considerarla como un básico de fondo de armario.

Arroz

Cumple una función similar a la de la pasta: es fácil de preparar, versátil, barato, nutritivo y sencillo de almacenar.

¿Cuántos tipos de arroz hay?

Se suelen distinguir tres tipos: de grano corto, largo y medio. El arroz de grano corto tiene una forma casi redonda. Una vez cocido, los granos se compactan entre sí con mucha facilidad. Ni que decir tiene que es la cualidad perfecta para el *sushi* o el *risotto*, pero un 'fracasazo' absoluto para una paella. Entre las variedades de arroz de grano corto tenemos el *arborio* o el *vialone nano*.

En España, el arroz más fácil de encontrar en cualquier supermercado es el de grano medio. Una vez cocido queda un grano blando, ligeramente pegajoso y con una muy buena capacidad de absorber los caldos (aproximadamente requiere tres veces su volumen en caldo). Sirve para guarniciones, para el arroz a la cubana, para el arroz con leche y, por supuesto, para nuestra paella. Por cierto, los maestros paelleros para este plato levantino suelen recomendar las variedades calasparra, xenia o bomba.

El arroz largo es más caro, más exótico, porque no está tan vinculado a la cocina española, y absorbe peor los caldos. No es malo, pero no lo considero fondo de armario.

¿Es mejor el arroz integral?

Si me preguntan como profesional de la nutrición, te diré que el integral sin dudarlo. Desde el punto de vista culinario, depende. El arroz integral es el mismo grano, pero al que no se le ha retirado de forma industrial el salvado (la cáscara que recubre el grano). ¿Y eso es tan importante? Pues sí y por dos razones. La primera es que, al conservar la cáscara, tenemos un alimento con bastante más fibra (3 g por cada 100 g del integral frente a solo 0,2 g/100 g del blanco). Otra ventaja del arroz integral es que su índice glucémico es menor que el del arroz blanco. Esto quiere decir que los niveles de glucosa en sangre suben de forma más moderada, sin generar grandes picos de insulina, la hormona que se encarga de procesar el azúcar que entra en la sangre. En su contra, no vamos a esconder que es un sacrilegio usarlo para la paella y que, en general, tiene una textura más basta, que puede desagradar a algunos paladares.

Latas

Las conservas en lata vieron la luz a principios del siglo XIX y se usaron, sobre todo, para proporcionar comida fácil de transportar a la Armada británica, que, por aquel entonces, andaba entre guerras con Napoleón y viajes a sus colonias. ¿Sabías que al principio las forraban de plomo? Una idea malísima que llevó a muchos marineros y exploradores a morir —literalmente— envenenados. Ahora las latas de conservas son completamente seguras y se han convertido en un recurso fácil para tener comida en casa.

¿Qué latas deberían estar en nuestro 'fondo de armario'?

1. Atún en aceite, algún vegetal y tomate triturado o frito. Tampoco más, que nos conocemos: hay quienes llenan la despensa de latas y no prueban un alimento fresco en semanas. Sin llegar a la locura que ya hemos visto de los supermercados ingleses, unas latas de atún aportan la alegría necesaria a una ensalada rápida en esos días en los que no te apetece cocinar. Y son el relleno perfecto para unas empanadillas, que es una comida que se prepara en un pispás (prueba a hacerlas en el horno, saldrán crujientes y con menos grasa).

2. Una lata de champiñones, maíz o guisantes nos apañan la guarnición de un filete en la víspera de ir al mercado, cuando en la nevera hay más ilusión que comida. Y, por supuesto, una de tomate es el arreglo perfecto para una pasta o arroz rápido. Frito o simplemente triturado queda ya a tu elección.

3. Podemos añadir aquí las latas de legumbres ya cocinadas, como una fabada o unas lentejas a la jardinera. No las recomendaría para todos los días, porque estas preparaciones

suelen tener más sal de lo deseable, pero te solucionan una comida en un día de prisas.

Leche

Este alimento anda últimamente en el ojo del huracán. De un lado, quienes defienden que hay que tomar tres vasos de leche al día para obtener, sobre todo, las ingestas diarias recomendadas de calcio (1 000 mg/día para un adulto y 1 200 mg/día para mujeres a partir de los cincuenta años) y vitamina D (15 μg/día para adultos). De otro, quienes sostienen que esos nutrientes también están en otros alimentos (por ejemplo, el calcio abunda en la soja, las alubias o las sardinas) y que no hay necesidad de tomar leche.

No es mi intención entrar en polémicas al respecto. Un brik de leche te asegura esa bebida reconfortante caliente cuando llegas a casa tarde, cansado, y sin más ganas que de meterte en la cama. Te ahorra excusas si tienes invitados en casa y piden café con leche y es el desayuno por excelencia de los niños en este país. ¿Es indispensable? No ¿Es mala? No ¿Te apaña en un momento en el que no te apetece cenar, pero tampoco irte a la cama con el estómago vacío? Desde luego.

¿Entera, semi o desnatada?
Al desnatar la leche, perdemos las vitaminas liposolubles, como la D y la A. La vitamina D es necesaria para asimilar bien el calcio, por eso se venden leches desnatadas con calcio añadido. ¿Que engorda mucho? ¡Para nada! Un vaso de 200 mililitros de leche entera aporta solo 130 kilocalorías (piensa que las calorías recomendadas para un adulto están entre 2 000 y 2 200). Sin embargo, esas cuatro galletas maría que mojas despreocupadamente suman ya unas 240 calorías. La galleta está riquísima, no lo vamos a negar, pero lleva mucho azúcar, mientras que la leche es proteína y nutrientes de alta calidad. Con esto no quiero decir que haya que tomar leche entera sí o sí, pero es bueno saber si merece la pena dejar de comer un alimento solo por miedo a engordar, cuando otros aportan más calorías y nutricionalmente hablando valen menos.

Dicho todo esto, un vaso de leche desnatada aporta 68 kilocalorías, pero sin vitaminas y con problemas para asimilar el
calcio. Y tanto la entera como el resto, si son UHT, tienen fecha
de consumo preferente en hasta seis meses. La pasteurizada, en
cambio, tiene fecha de caducidad y apenas dura unos días.

¿Se puede tomar la leche después de la fecha del paquete?
He visto cosas, en pisos de estudiantes y de solteros despreocu-
pados, que son auténticos atentados contra la humanidad. Me
refiero a botellas de leche abiertas desde tiempos de Maricas-
taña, pero que nadie tiraba a la basura porque «hombre, ahí
queda leche, no la vamos a tirar».

La pregunta de si se puede tomar leche pasada de fecha es
una de las más frecuentes en la consulta. Y todo depende del
tipo de leche que hayamos comprado. La leche UHT (siglas en
inglés de *Ultra High Temperature*), la más frecuente en los hoga-
res españoles, se somete a un tratamiento térmico con mucha
temperatura y poco tiempo. En términos sencillos: la leche se
lleva a los 135-140 °C durante entre dos y cuatro segundos. Así
se logra una leche comercialmente estéril (no contiene microorganismos ni esporas que puedan progresar en el producto) que
podemos almacenar tranquilamente a temperatura ambiente
hasta seis meses (ojo, siempre que no abramos el envase).

La leche UHT lleva impresa en el paquete una fecha de
consumo preferente. Quiere decir que el fabricante garantiza
sus cualidades en cuanto a sabor, textura u olor hasta esa fecha.
A partir de ese día, las cualidades del producto, incluso cerrado,
pueden empeorar hasta el punto de causar problemas de salud
al ingerirla. No porque haya bacterias, porque ya se han elimi-
nado. Pero el producto no es eterno. ¿Pasa algo por bebernos
un vaso al día siguiente de la fecha de consumo preferente? No,
pero hacerlo un año después desde luego que no es buena idea.

Otro concepto que muchas veces se olvida es cuántos días
podemos tenerla en la nevera una vez abierta. Mientras el brik
o la botella están cerrados, se mantienen estables las condiciones del interior. Una vez que los abrimos y nos servimos un
vaso, ese equilibrio se altera y la leche puede perder cualida-

des. Por eso nos suelen advertir que hay una fecha de consumo límite recomendada, con mensajes del tipo «una vez abierto, conservar el envase cerrado en nevera y consumir antes de tres o cinco días».

En cambio, a la leche pasteurizada (también la puedes encontrar simplemente como 'fresca') solo se la somete a un tratamiento más 'suave' que combina tiempo y temperatura, y varía entre fabricantes. Por ejemplo, tratar la leche a 85-95 °C durante un tiempo de dos a cuatro minutos. Este procedimiento no aniquila todas las posibles bacterias patógenas, solo reduce la carga general de microorganismos no patógenos. Por eso hay que guardarla refrigerada, a unos 4 °C y su caducidad (ojo, no es fecha de consumo preferente, sino caducidad) suele ser de tres a cuatro días. ¿Merece la pena? Si buscas el sabor genuino de la leche, ese que te recuerda a cuando ibas a casa de los abuelos, definitivamente, sí. Pero si ese detalle te es indiferente y lo que buscas es comprar un producto que no caduque rápido, mejor busca una leche UHT.

Galletas

Tema controvertido este de las galletas. No es el alimento más saludable del universo porque llevan cantidades poco recomendables de azúcar, pero duran mucho, cualidad que las convierte en un fondo de armario de manual. Además, tomadas de cuando en cuando, pueden ser un consuelo en noches de insomnio, la solución para ese día en el que tienes un/a 'invitado/a' a desayunar, y no hay nada más, o cuando un amigo te pide que cuides a su hijo y te lo entrega sin merienda y con cero ganas de probar fruta.

ALIMENTOS QUE TE APAÑAN UN DÍA (O MUCHOS MÁS)

Lo de comer alimentos frescos, no procesados y requetesaludables es un ideal al que todos aspiramos, pero que en la vida real no siempre es posible. Unas veces por prisas, otras, por falta de previsión, y en otras muchas más, por falta de ganas de ir al mercado, hacer la compra y ponernos a cocinar algo de calidad *cum laude* entre los nutricionistas. Ojo, que yo soy el primero que muchas veces me relajo y busco una cena fácil, porque no me da la vida para complicarme más. Y ya está, sin complejo de culpa ni compensaciones al día siguiente.

Algunos de los alimentos que vamos a mencionar a continuación tienen una A en Nutri-Score. Otros se acercan más a la D y a la E. En estos casos, serán alimentos para tomar de forma excepcional, no a diario. Ahora, el día que lo pongas en la mesa, disfrútalo sin remordimientos, ponte una ración normal y come. A la hora de comer es muy importante el aspecto del disfrute, ¿recuerdas que lo vimos en el primer capítulo ?

Conservas de verduras y legumbres

Hemos visto ya básicos de 'fondo de armario', como algunas latas de conservas esenciales, de esas que se transportan y almacenan con facilidad, que no se rompen y duran un montón. Un paso más allá son las conservas de verduras y legumbres, esas que a veces encontramos en lata o en tarro de cristal. Son la SOLUCIÓN (así, con mayúsculas) para comer verdura cuando tienes poco tiempo para comprar, limpiar y cocinar.

Por si nunca te lo has planteado, te explico cómo se elaboran y por qué su contenido nutricional es bastante similar al de las verduras frescas que puedes comprar en el mercado. Cuando se cosechan, ya tienen claro que se van a destinar a conserva. Por eso mismo se cogen en su punto óptimo de maduración, que es cuando los tomates, las judías verdes, el cardo, los pimientos o los guisantes concentran su mayor contenido en vitaminas y minerales, así como todo su sabor. A continuación, se lavan, se pelan y, si es necesario, se blanquean. El blanqueado consiste en escaldar las verduras en agua hirviendo durante unos minutos, no tanto para cocerlas, sino para detener la actividad enzimática responsable de la oxidación. Como es un proceso muy rápido, apenas se reducen las vitaminas hidrosolubles y los minerales (las verduras suelen llevar cantidades altas de betacarotenos, ácido fólico u otras vitaminas, calcio, magnesio, potasio…). En el caso de los pimientos de piquillo se asan a la leña y se pelan con chorros de agua muy intensos. A continuación, se envasan en latas o tarros herméticos que los protejan del aire y ya los tienes listos para vivir en tu despensa durante al menos un año.

¿Qué conservas de verduras podemos tener en casa?
Tenemos la suerte de vivir en un país con una huerta fabulosa y muy variada, así que el repertorio de verduras en conserva es enorme: judías verdes, pencas de acelga, corazones de alcachofa, espárragos, guisantes, cardo, pimientos, tomates, maíz…
Las preparaciones son infinitas. Desde abrir y servir en el plato, a prepararles un sofrito, darles vuelta y vuelta con unos ajitos, añadir unos tacos de jamón, incorporarlas a una tortilla a la francesa, una *frittata* de verduras (similar a la tortilla, pero con horno)… Las opciones son infinitas, pero lo más tedioso —que es limpiar y pelar las verduras— ya está hecho. A partir de aquí, imaginación al poder.

¿Y las conservas de legumbres?
Siempre digo que las conservas de legumbres son uno de los grandes avances de la civilización. Y, desde luego, de los que más nos han simplificado las tareas en la cocina. Preparar unos garbanzos puede llevar horas entre remojo y cocción. Con el tarro es abrir e incorporar al guiso. Actualmente, puedes encontrar un montón de variedades de alubias, garbanzos y lentejas ya cocidos, que simplemente hay que abrir e incorporar al arreglo para tener un plato de cuchara.
O sacarles partido en otro tipo de platos más originales y menos 'pesados' (esto es sobre todo para el verano, cuando un plato de cuchara bien caliente no suele apetecer). ¿Que no sabes cómo preparar los garbanzos? Haz humus. La receta es sencilla: pones en la picadora los garbanzos cocidos, tahína, comino, un chorrito de zumo de limón, ajo y sal al gusto y lo picas. Sirve con un chorrito de AOVE y listo. No te lleva más de tres minutos. Sírvelo acompañado de palitos de zanahoria y tendrás un plato de legumbre saludable, fresquito y rapidísimo de preparar. O prepara un sofrito de garbanzos con calabaza y azafrán. ¡Es un plato muy vistoso y con un sabor original que funciona incluso con los más pequeños!

Con las lentejas puedes preparar croquetas, lasaña vegetal o hamburguesas vegetales. Todas estas alternativas son soluciones no demasiado complicadas y muy resultonas con los niños, que a veces se ponen un poco picajosos con las legumbres. También las puedes incorporar en frío a las ensaladas, lo mismo que las alubias.

Vasitos de arroz o quinua
Son una solución rápida que te ahorra los veinte minutos de cocer el arroz. Son perfectos para tener en la oficina y añadir a una ensalada. O para tener en casa y preparar una cena rápida. Solo hay que calentarlos un minuto en el microondas (en el mismo vasito donde vienen), aunque también se pueden servir a temperatura ambiente.

¿Son para diario? No, porque tienen más sal de la que posiblemente pondrías tú en casa y, desde luego, salen bastante más caros que cocer arroz en tus fogones. ¿Pasa algo por tomarlos un día? ¡Desde luego que no! Son alimentos saludables y merece más la pena recurrir a uno de estos 'vasitos' que tirar de un sándwich de máquina o pedir una pizza a domicilio.

Soja texturizada
Lo mismo la has visto en el súper y te has preguntado qué son esas bolitas con aspecto de esponja seca y cómo se comen. La soja texturizada es lo que queda al extraer el aceite del haba de la soja y deshidratarla con una serie de procesos de presión y altas temperaturas. Es un alimento con excelentes cualidades nutricionales. Si consultamos en la Base de Datos Española de Composición de Alimentos (BEDCA) vemos que, por cada 100 gramos de producto, tenemos 35,9 gramos de proteínas, 15,7 gramos de fibra, 9,7 gramos de carbohidratos de bajo índice glucémico y 240 miligramos de calcio, entre otros nutrientes. Vamos, un cañón desde el punto de vista nutricional.

Para usarla solo hay que rehidratarla. Y es tan fácil como ponerla en un bol con agua caliente y esperar unos minutos. A partir de aquí le puedes dar los mismos usos que a la carne o el pollo troceados: boloñesas, ensaladas, guisos de arroz…

BÁSICOS DEL BUEN ANFITRIÓN

Este punto se nos suele olvidar y luego pasamos un rato de apuro cuando la tía Ángela, esa que padece un poco del estómago, viene de visita y nos pide una infusión de menta poleo o una manzanilla. O que te llegan unas' amigas para tomar un café —y 'cortar trajes'— y solo lo pueden acompañar con galletas maría. Por no hablar de la bebida. ¿Sabes lo que es que venga un compañero de trabajo de tu hijo a preparar la estrategia con un cliente y que no puedas ofrecer un refresco porque te has quitado del azúcar?

Sí, ya sé que todo esto dicho por un profesional del comer saludable suena un poco incongruente. Pero una cosa es tu dieta y lo que tú comes y otra muy distinta lo que ofreces a tus visitas. Una cosa es que tú hayas optado por eliminar los dulces, el azúcar, el picoteo y los refrescos de tu vida y otra muy diferente que tus invitados tengan que tomarse el café negro y sin azúcar. Que lo mismo no vuelven a poner el pie en tu casa.

Para evitar estas escenas están lo que yo llamo 'básicos del buen anfitrión'. Son alimentos de larga duración, no especialmente caros y que te permiten salir del paso con elegancia digna de Isabel Preysler, cuando te llega una visita imprevista. Aquí suelo apuntar lo siguiente:

Infusiones (té, manzanilla, menta poleo)

Si no te gustan, con comprar las básicas del supermercado va que arde. Añadiría las infusiones de flores, hierbas y frutos secos, sin teína, para esa abuela que no quiere nada con teína que si no luego no pega ojo. Si te gustan las infusiones, el cielo es el límite. De todas formas, ten siempre a mano una sin teína, que hay mucha gente con insomnio.

Galletas surtidas o pastas danesas

Ya sabes, la típica caja surtida con distintas galletas que te sirven para acompañar un café, con menos sonrojo que si sacas las galletas maría de turno.

Azúcar

Blanco o moreno, tú decides. Pero hay amigos a los que les gusta endulzar el té o el café. ¿Has optado por eliminarlo de tu dieta? Sírvelo igualmente, pero sin monsergas. Recuerda que en este momento eres anfitrión y no un pepito grillo de la nutrición saludable.

Refrescos

Sí, son Satán, llevan azúcar o edulcorantes, ensucian los dientes y no aportan nada nutricionalmente relevante. Pero sentarse a charlar con un vaso de agua entre las manos no es de buen anfitrión. Tener un par de cocacolas refrigeradas por si aparece una visita imprevista no va a dinamitar tu vida saludable.

Hielo

Parece una tontería, pero a veces no tenemos hielo en la cubitera. Y viene un amigo. No te quedan cocacolas frías (o no las metes en la nevera porque en casa nadie las toma) y tampoco puedes enfriarlas. O es de los que les gustan los refrescos al punto de la congelación. Se genera una situación incómoda que puedes evitar. Ten hielo en casa.

Cerveza

Similar al punto de los refrescos, pero para adultos.

Snacks

Pongamos que os sentáis a ver una película. O a estrenar un videojuego. Unas patatas fritas (o similar), aceitunas o unas galletas saladas tienen un coste bajo, se almacenan durante bastante tiempo y te harán quedar como un marqués.

ESPECIAS Y HIERBAS AROMÁTICAS TODOTERRENO

No son básicos de fondo de armario propiamente dichos, pero incorporan alegría y variedad a la cocina con muy poco esfuerzo. Siempre digo que las especias o las hierbas aromáticas son la forma más fácil y saludable de dar alegría a un plato. Y, antes que yo, ya lo hacía Arguiñano con el famoso perejil.

Nada más tristón que un filete de pechuga de pollo a la plancha. Pero la cosa cambia si le añades romero, curri, albahaca, comino o cayena, aquí ya según los gustos de cada uno… Lo mismo con una rodaja de merluza hervida, lo que todos solemos conocer como 'pescado de enfermo'. Pero con un poco de eneldo y un chorretón de AOVE la cosa cambia mucho. O una pasta hervida, con su AOVE y albahaca (mucho mejor si es fresca, pero seca también nos vale). ¿Y habéis probado las patatas griegas? Es uno de los platos más sencillos y resultones que conozco. Cortas las patatas en cuadritos (no hace falta pelarlas, con lavarlas basta) y las extiendes en una bandeja de horno un poco profunda, para que no se salga el líquido. Mezclas en un vaso a partes iguales aceite de oliva virgen, zumo de limón, agua y orégano a discreción (sí, a los griegos les apasiona esta hierba aromática). Lo viertes por encima y metes la bandeja en el horno a unos 210 ºC durante una hora, más o menos, y ¡listo!

Son solo algunos ejemplos de cómo una especia o una hierba aromática te apaña un alimento que, de otra forma, sería bastante tristón. Además, realza visualmente el plato y lo hace más apetecible. Muchas veces, en la consulta, me preguntan qué especias o hierbas aromáticas recomiendo. Y la respuesta es siempre la misma: las que te gusten. En la cocina española suelen abundar pimienta, orégano, albahaca, perejil, canela, ajo, laurel, curri, cúrcuma, guindilla (cayena), anís, pimentón… Pero el repertorio es mucho más extenso, sin contar con las especias, hierbas y mezclas de especias típicas de otros países: la del *tandoori* o *chana masala* en la India, el ají peruano, el cajún de los tomates verdes fritos de Luisiana, las hierbas provenzales, jengibre en el norte de Europa…).

Si no eres muy amigo de pasar mucho tiempo en la cocina y tiendes a resolver con platos a la plancha rápidos, las especias y las hierbas aromáticas deberían ser tus mejores amigas para no morir de tristeza con la pechuga de pollo de siempre. O, dicho de otra manera, puedes seguir haciendo la misma pechuga de pollo de siempre, pero que cada día tenga un toque diferente.

Huevos: una solución rápida y nutritiva

He dejado los huevos para el final porque esencialmente no son un fondo de armario que puedas dejar durante meses en tu nevera. De hecho, tienen una fecha de consumo preferente bastante corta y hay que conservarlos, como vimos, dentro del refrigerador.

Aun así, se trata de un alimento asequible, fácil de cocinar y un excelente solucionador de cenas rápidas. También nos resuelve cuando, de pronto, se queda alguien a cenar y no tenemos mucho que ofrecer ni ganas de cocinar. O cuando tu hijo llega de entrenar, le pones la comida y, nada más acabarla, te suelta que se ha quedado con hambre.

Tener media docena de huevos siempre a mano es una tabla de salvación que cuesta poco, da mucho juego y nos libra de soponcios inesperados.

MITOS SOBRE ALIMENTACIÓN

¡Madre mía, la de mitos, *fake news* y engañifas que hay en torno a la comida! Muchos son sin mala intención. Creencias de toda la vida que las abuelas han ido pasando de generación en generación hasta nuestros días. Tanto es así, que muchas de esas leyendas sin fundamento científico se han convertido en refranes o dichos populares que todos hemos oído en multitud de ocasiones, como lo de que «encima de la leche, nada eches» o «con pan y vino, se anda el camino».

Hay otras muchas leyendas urbanas para adelgazar, trucos sin sentido; como lo de quitar la miga al pan, convencidísimos de que la miga es lo que engorda (como si el pan se metiera en el horno por partes separadas, las engordantes y las *light)*. O el mito de que beber agua durante las comidas engorda. Además, últimamente estamos asistiendo a algunas perogrulladas por parte de *influencers, youtubers* o *instagrammers* que, de cuando en cuando, hacen saltar por los aires los principios del método científico y los del sentido común. Aún se me ponen los pelos como escarpias con aquel vídeo de Marina Yers afirmando —toda seria— que «el agua no hidrata, sino que deshidrata». ¡El agua!

El caso es que, en pleno siglo XXI, la ciencia ha avanzado un montón y las posibilidades de alimentarse correctamente, también, por lo que debemos ir olvidando muchas de esas creencias. Algunas, porque no tienen sentido científico. Otras, porque son completamente descabelladas.

LOS BULOS ALIMENTARIOS QUE LLEGARON CON LA PANDEMIA

La pandemia ha desatado todo un caos informativo en nuestro entorno, tanto a nivel médico como relativo a la salud general. Desde bulos antivacunas y negacionistas del virus hasta defensores de remedios naturales, sin ninguna base científica, para protegerse de la infección por el virus SARS-CoV-2. Se me viene a la cabeza, por ejemplo, el comino negro. Hacia marzo de 2020, las búsquedas en Google de esa especia se dispararon porque se decía que mejora el sistema inmune, impidiendo la infección o, al menos, ayudando a una pronta mejoría. El tiempo y el avance de la Covid evidenciaron que el comino negro no tenía esos poderes curativos que algunos le atribuían. Hubo hasta quienes dijeron que beber vino esterilizaba la boca y evitaba que el virus entrara a las vías respiratorias. Vamos, que si el gel hidroalcohólico al 70 % mataba al virus en nuestras manos, un vaso de vino, que a fin de cuentas, también lleva alcohol, hacía lo mismo en nuestra garganta.

Como vemos, el ámbito de la nutrición y la dietética no se ha salvado de esta oleada de desinformación. En un momento donde la información proveniente de Internet cada vez es más cuestionada, muchos han aprovechado para divulgar falsas informaciones y perpetuar aún más algunos mitos alimentarios que llevan décadas acompañándonos. Y, de paso, han creado nuevos bulos, *fake news* o, sencillamente, mentiras o verdades a medias sobre la nutrición.

En este capítulo vamos a repasar algunos de estos bulos relacionados con alimentos que siempre nos han acompañado. Seguramente sea de utilidad para desmentir algunas falsas creencias que tenemos arraigadas, incluso, desde nuestra infancia.

LA LECHE PRODUCE MOCOS

Uno de los mitos más conocidos en torno al consumo de leche en las primeras etapas de la vida está relacionado con la producción de mocos. Sin embargo, lo cierto es que no existen evidencias científicas que sostengan la relación entre los mocos y el consumo de leche.

Esta relación ha sido ampliamente estudiada a lo largo de los años sin resultados positivos entre dicha asociación. Así lo confirma una de las revisiones científicas[4] más recientes sobre el tema. En ella se profundizó sobre el efecto del consumo de lácteos en la secreción de mucosidad nasofaríngea, no hallando una relación concluyente entre ambas variables.

También se ha investigado mucho acerca de esta cuestión en niños asmáticos, ya que muchos padres retiran la leche de la dieta por miedo a empeorar la calidad respiratoria de sus hijos. Sin embargo, tampoco existe una asociación directa. Así lo confirma otra revisión científica publicada en la revista *Journal of the American College of Nutrition.*[5]

Recordemos que la leche es un alimento muy completo, ya que aporta proteínas de alto valor biológico —esto quiere decir que contiene aminoácidos esenciales para el organismo humano—, además de vitaminas y minerales de interés como calcio, fósforo y zinc, así como vitaminas A, D y del grupo B, entre otros micronutrientes.

LOS ALIMENTOS *LIGHT* SIRVEN PARA ADELGAZAR

Otro de los grandes mitos alimenticios que encontramos en la actualidad gira en torno a los alimentos *light*. Estos productos han visto reducido su contenido calórico en un treinta por ciento respecto a otras versiones tradicionales del mismo alimento, siguiendo la declaración nutricional que recoge la legislación. Concretamente, encontramos la regulación de la misma en el Reglamento (CE) n° 1924/2006 del Parlamento Europeo y del Consejo, de 20 de diciembre de 2006, relativo a las declaraciones nutricionales y de propiedades saludables en los alimentos.[6]

[4] Balfour-Lynn I. M. «Milk, mucus and myths». *Archives of disease in childhood* 104, n° 1(2019): 91-93.

[5] Wüthrich, B., Schmid, A., Walther, B., & Sieber, R. «Milk consumption does not lead to mucus production or occurrence of asthma». *Journal of the American College of Nutrition* 24, 6 Suppl, (2005): 547S-55S.

[6] Reglamento (CE) n° 1924/2006 del Parlamento Europeo y del Consejo, de 20 de diciembre de 2006, relativo a las declaraciones nutricionales y de propiedades saludables en los alimentos. Consultado el 31 de enero de 2022: https://www.boe.es/buscar/doc.php?id=DOUE-L-2006-82775

Por desgracia, la existencia de estos productos no se traduce en la presencia de alimentos más saludables en el supermercado. Normalmente, el reclamo *light* se utiliza actualmente en *snacks*, como patatas fritas, y bollería, tipo cruasán o magdalenas. Obviamente, aunque estos productos reduzcan su contenido calórico van a seguir sin ser interesantes desde el punto de vista nutricional.

¿Por qué? Pues debido a que los ingredientes con los que están elaborados estos productos suelen ser harinas y aceites refinados, así como altas cantidades de sal y azúcares añadidos.[7] Precisamente, para lograr la reducción de calorías necesaria para etiquetar como *light* un producto se suele sustituir el contenido de azúcares por edulcorantes, lo cual nos sirve para enlazar con el siguiente mito alimentario.

¿LOS EDULCORANTES SIRVEN PARA ADELGAZAR?

Los edulcorantes se catalogan como un tipo de aditivo cuya función tecnológica es la de endulzar alimentos, generalmente, como sustitutivos del azúcar, ya que aportan menos calorías. Por ello, los edulcorantes se vinculan popularmente como un elemento útil para perder peso. A pesar de ello, sus efectos a largo plazo en el organismo plantean algunas dudas. Se cree que ciertos edulcorantes artificiales podrían modificar la microbiota[8] de nuestro organismo, es decir, la comunidad de microorganismos que convive con nosotros y que se vincula estrechamente con nuestro estado de salud.

¿Es entonces peligroso ponerse sacarina en el café? ¡No! Ni tanto, ni tan calvo. Cabe destacar que los edulcorantes, al igual que el resto de aditivos, son sustancias seguras que cumplen con estrictos protocolos de control por parte de la Comisión Europea. Asesorada por la Autoridad Europea de Seguridad

---

[7] Freeman, C. R., Zehra, A., Ramirez, V., Wiers, C. E., Volkow, N. D., & Wang, G. J. «Impact of sugar on the body, brain, and behavior». *Frontiers in Bioscience* (Landmark edition) 23 (2018): 2255-2266.

[8] Pearlman, M., Obert, J., & Casey, L. «The Association Between Artificial Sweeteners and Obesity», *Current gastroenterology reports* 19, n° 12 (2017): 64

Alimentaria (EFSA),[9] la Comisión Europea reevalúa continuamente la seguridad de los aditivos[10] aprobados en la industria alimentaria, modificando sus umbrales de uso en caso de ser necesario con el fin de adaptarse a las nuevas evidencias científicas.

Harina de otro costal es si son eficaces para reducir el peso. Este asunto ha sido objeto de polémica en los últimos años, ya que algunos estudios científicos plantean dudas sobre dicha relación. Al contrario de lo que podría parecer, el consumo de edulcorantes se vincula con el aumento del peso.[11]

¿Cómo es esto posible? Se han planteado diversas hipótesis, si bien no está del todo claro por qué se produce este efecto. La explicación más aceptada por el momento es que los edulcorantes alteran nuestra percepción del sabor dulce, lo que llamamos 'umbral del dulzor'. De esta forma, su consumo crónico sigue manteniéndonos enganchados al sabor dulce y a la sensación de placer que provoca en nuestro paladar. Esto podría traducirse a la larga en un mayor consumo de dulces y alimentos azucarados que inevitablemente conducen a un aumento del peso y todas las desventajas[12] que ello conlleva para la salud.

LA LACTOSA ES PERJUDICIAL PARA LA SALUD

Una de las razones de la satanización de la leche en los últimos años es la lactosa. Antes de entrar en materia, veamos qué demonios es la lactosa y por qué está ahí. La lactosa es el azúcar natural de la leche, un disacárido formado por una unidad de glucosa y otra de galactosa. Curiosamente, ese nu-

---

[9] EFSA. *Aditivos alimentarios*. Consultado 31 enero 2022: https://www.efsa.europa.eu/es/topics/topic/food-additives

[10] EFSA. *Reevaluaciones de aditivos alimentarios*. Consultado 31 enero 2022: https://www.efsa.europa.eu/es/topics/topic/food-additive-re-evaluations

[11] Brown, R. J., de Banate, M. A., & Rother, K. I. «Artificial sweeteners: a systematic review of metabolic effects in youth». *International journal of pediatric obesity : IJPO : an official journal of the International Association for the Study of Obesity* 5, n° 4, (2010): 305-312.

[12] Della Corte, K. W., Perrar, I., Penczynski, K. J., Schwingshackl, L., Herder, C., & Buyken, A. E. «Effect of Dietary Sugar Intake on Biomarkers of Subclinical Inflammation: A Systematic Review and Meta-Analysis of Intervention Studies», *Nutrients* 10, n° 5 (2018): 606.

triente es objeto de muchas dudas nutricionales en la actualidad, ya que muchas personas notan problemas al digerir leche y derivados lácteos.

Esto sucede porque con el paso del tiempo y el avance de la edad perdemos la actividad de la enzima lactasa,[13] una proteína que sirve para digerir la lactosa y romperla en sus dos monosacáridos, facilitando la asimilación por parte del organismo. Cuando no tenemos suficiente lactasa, perdemos la capacidad para digerir la leche y sus derivados. Esta situación puede variar de intensidad en función del grado de intolerancia que presentemos. De hecho, es habitual que algunas personas a las que les sienta mal la leche puedan consumir sin problemas yogur y algunos quesos. En este punto, hablamos de intolerancia a la lactosa cuando alcanzamos ese estado de incapacidad para digerir la lactosa.

Según la Asociación de Intolerantes a la Lactosa de España (Adilac) esta intolerancia alimentaria afecta a entre un veinte y un cuarenta por ciento de los españoles. Sus síntomas más frecuentes son dolor e hinchazón abdominal, gases, flatulencias, náuseas, vómitos y diarrea. Suelen aparecer entre quince minutos y dos horas después de haber ingerido alimentos con lactosa y pueden remitir entre tres y seis horas más tarde.

¿Esto significa que la lactosa es perjudicial para todo el mundo? Rotundamente no, solo aquellas personas que presenten déficit de la enzima lactasa tendrán problemas con la lactosa y deberán evitarla en la medida de lo posible. Haciendo la cuenta de la vieja con las cifras de arriba verás que entre el sesenta y el ochenta por ciento de los españoles pueden beber leche o derivados lácteos sin problemas.

EVITAR EL GLUTEN SIEMPRE EN LA DIETA

Si existe otro componente en la dieta que genera tantas o más incógnitas que la lactosa, sin ninguna duda, es el gluten. El gluten es un conjunto de proteínas que encontramos en ciertos ce-

---

[13] Ségurel, L., & Bon, C. «On the Evolution of Lactase Persistence in Humans», *Annual Review of Genomics and Human Genetics*, 18 (2017): 297-319.

reales de forma natural, como el trigo, la cebada, el centeno o la espelta. ¡Anda! ¿El pan tiene proteínas como un filete? Sí, pero bastantes menos, incompletas y con menor valor biológico.

Por desgracia, algunas personas presentan cierta sensibilidad ante el gluten, lo que desemboca en los conocidos trastornos del gluten como la celiaquía y la sensibilidad al gluten no celíaca. En ningún caso podemos hablar de 'intolerancia al gluten' cuando nos referimos a estos trastornos, al contrario de lo que sucede con la lactosa.

Esto es debido a que la celiaquía[14] es una enfermedad de carácter autoinmune, es decir, relacionada con el sistema inmunitario. Como tal, la presencia de gluten desencadena una serie de reacciones adversas relacionadas con la inflamación de las microvellosidades del intestino. Concretamente, el organismo genera anticuerpos que tratan de combatir la presencia del gluten en el organismo, porque lo identifican erróneamente como un compuesto indeseable y dañino.

Por otro lado, la sensibilidad al gluten no celíaca[15] sucede bajo otros mecanismos que no están del todo claros, pero que también se relacionan directamente con la presencia del gluten en la dieta, causando síntomas perjudiciales como dolor abdominal, náuseas y vómitos, fatiga, dolores de cabeza, malestar general y diversos problemas gastrointestinales e inflamatorios.

Por ello, el gluten solamente es un problema en aquellas personas que padecen trastornos relacionados con el gluten. En la actualidad, no hay evidencias científicas suficientes como para considerar al gluten un compuesto perjudicial en la alimentación de todo el mundo.

LOS HUEVOS SON MALOS PARA NUESTRA SALUD CARDIOVASCULAR

El consumo de huevos ha sido otro de los grandes caballos de batalla en el sector de la nutrición y la dietética a lo largo de los años. Durante muchas décadas del siglo XX, los huevos se vie-

[14] Bascuñán, K. A., Vespa, M. C., & Araya, M. «Celiac disease: understanding the gluten-free diet». *European journal of nutrition* 56, n° 2 (2017): 449-459.

[15] Roszkowska, A., Pawlicka, M., Mroczek, A., Bałabuszek, K., & Nieradko-Iwanicka, B. «Non-Celiac Gluten Sensitivity: A Review». *Medicina* (Kaunas, Lithuania) 55, n °6 (2019): 222.

ron casi como un alimento prohibido, catalogado como perjudicial para la salud por su composición en grasas saturadas. A los huevos les colgaron el sambenito de que aumentaban el colesterol y que, por tanto, comerlos aumentaba las posibilidades de sufrir alguna enfermedad cardiovascular.

Sin embargo, con el paso de los años se ha visto que esto no es así. La evidencia científica actual no vincula el consumo de huevos con un empeoramiento de la salud cardiovascular.[16] De hecho, se considera un alimento perfectamente compatible con una alimentación saludable, siendo una fuente proteica de excelente valor biológico por su riqueza en aminoácidos esenciales para nuestra salud.

'EL AGUA DESHIDRATA, MÁS QUE HIDRATA'

La frase es de Marina Yers. Fue uno de los momentos más delirantes de 2020, y mira que ese año tuvo altibajos. Después de millones de años de evolución, en los que el *Homo sapiens* se las ha ingeniado para buscar agua potable y no morir de sed, llega la *instagrammer* y *tiktoker* afirmando que «en el agua (en una botella de agua envasada) nunca pone que es un suero hidratante ni que sea algo que se use para la hidratación. De hecho, deshidrata más que hidrata». Para dar mayor verosimilitud a tamaña perogrullada proponía confirmar esa información «en Google».

Poco hay que añadir a esas palabras. El setenta por ciento de nuestro cuerpo es agua, necesitamos ingerir agua o nos morimos. No tiene por qué ser solo bebida, también cuenta la que ingerimos con los alimentos. La fruta, por ejemplo, aporta mucha agua a nuestra dieta, amén de vitaminas y minerales, entre otros nutrientes. Pero el agua hidrata, jamás deshidrata. Otra cosa es que en momentos puntuales de deshidratación, como después de una diarrea severa o tras correr un maratón, sea necesario rehidratar y aportar los electrolitos perdidos con productos específicos que son agua y sales minerales.

---

[16] Godos, J., Micek, A., Brzostek, T., Toledo, E., Iacoviello, L., Astrup, A., Franco, O. H., Galvano, F., Martinez-Gonzalez, M. A., & Grosso, G. «Egg consumption and cardiovascular risk: a dose-response meta-analysis of prospective cohort studies». *European journal of nutrition* 60, n° 4 (2021): 1833-1862.

Por cierto, estas declaraciones de Marina Yers tuvieron mucha repercusión y, dicho sea de paso, bastante cachondeo. Semanas después la joven reconocía que sí, que el agua hidrata. Vamos, la misma conclusión a la que ya habían llegado los hombres de las cavernas millones de años antes. Y sin TikTok.

EL AQUARIUS ES LO MEJOR CUANDO HAY GASTROENTERITIS

Pues va a ser que no. Lo curioso es que esta idea ha calado hasta el fondo en nuestra sociedad hasta el punto de que hay médicos que aún lo recomiendan. Y para nada es la mejor solución. De hecho, no es la solución. De entrada, el Aquarius es una bebida refrescante con muchísimo azúcar. Cada 100 mililitros de este refresco suman la friolera de 4,4 gramos de azúcares. Es decir, que en esa lata de Aquarius que te bebes en un abrir y cerrar de ojos porque está fresquita, dulce y es agradable, te estás metiendo para el cuerpo unos 6,5 terrones de azúcar (unos 21 gramos de azúcar). ¿Es malo? Hombre, teniendo en cuenta que la Organización Mundial de la Salud recomienda no pasar de 25 gramos de azúcar al día en adultos, beberse 21 de un tirón es una barbaridad. No te digo ya en el caso de los niños cuyas necesidades calóricas son inferiores.

Pero aparte del mogollón de azúcar, ¿qué pasa con los electrolitos? Esta parte también tiene guasa. Cuando Coca-Cola lanzó Aquarius la promocionó como bebida para deportistas. Tiempo después recularon y se quedó como una bebida refrescante asociada a un estado vital feliz. El caso es que para ser una bebida para deportistas debería tener una mayor cantidad de sodio (solo tiene 200 mg), que es el electrolito que más pierden los deportistas a través del sudor. De hecho, la hiponatremia es un gran problema en deportes de resistencia como los maratones o las carreras de montaña con muchos kilómetros. Surge cuando el sodio en sangre desciende por debajo de 135 mmol/litro en sangre y los síntomas son dolor cabeza, náuseas, confusión, malestar, hasta edema pulmonar, edema cerebral, coma y muerte.

En cambio, cuando hay diarrea grave (por ejemplo, con el temido virus de las 24 horas), el electrolito que perdemos no es sodio, sino potasio. Y el Aquarius solo lleva una pequeña cantidad. Sin ese potasio, nuestro cuerpo no es capaz de retener el agua que bebamos, así que, para rehidratarnos en esos momentos, hay que recurrir a otro tipo de productos. Es el caso del suero oral, que te lo venden en las farmacias con varios sabores, incluso con probióticos que nos van a ayudar a reparar el desaguisado que la diarrea provoca en nuestras tripas.

¿Lo puedes preparar en casa? Sí, claro. La fórmula casera de toda la vida es un litro de agua hervida templada a la que añadimos el zumo de un limón, dos cucharadas soperas rasas de azúcar, una cucharita de café de bicarbonato y una de sal. El 'agua de arroz' resultante de hervir ese cereal, previamente tostado y con una pizca de sal, también cumple la misma función. Como ves son métodos que se han usado desde la noche de los tiempos. Eficaces, sí, engorrosos, mucho.

El agua en las comidas engorda

Que a estas alturas de la vida aún tengamos que seguir explicando que el agua es agua, inodora, incolora, insípida y SIN CALORÍAS, tiene guasa. Otra cosa es que tenga un efecto saciante porque, sencillamente, nos llena el estómago. Pero ni engorda ni adelgaza.

El agua con gas tampoco engorda. Hablamos del agua carbonatada natural, no de las bebidas refrescantes carbonatadas que tienen azúcar y ahí sí que podemos decir que aportan calorías que pueden hacernos engordar. Pero un agua carbonatada corriente y moliente, no. Otra cosa es que, al tener gas, tengas una sensación transitoria de hinchazón que desaparece en poco tiempo.

Hay que comer mucho y cenar poco

Este mito es el que justifica que haya personas que, ante un bufet de hotel, comen como si viniera un apocalipsis zombi. Que ya tiene guasa en un país donde se suele salir de casa con un café bebido y poco más. Tanto si eres de arrasar en el bufet y ponerte platos con copete con combinaciones estrambóticas de fiambre y bollería, como si a esas horas no te entra más que un café, solo puedo decir que no hay ninguna regla científica que refrende que el desayuno sea la comida más importante del día. Repito: ninguna.

El desayuno es no es más, como su nombre indica, la comida que rompe el ayuno de toda la noche. Aquí lo único constatado es que llevamos varias horas sin comer y que el cuerpo necesita su 'gasolina', es decir, echar algo de comida al estómago. Pero no justifica que el desayuno sea la comida más importante. Es más, puedes hacer ayuno intermitente y no probar bocado hasta la comida del mediodía. O levantarte sin apetito y necesitar un rato para reconciliarte con el mundo antes de probar bocado.

Sea como sea, el desayuno no es la comida más importante del día. Lo importante es que entre todas las ingestas del día consigas los aportes nutricionales que tu cuerpo necesita, pero te los puedes distribuir como mejor te venga, o como mejor se acomode a tu agenda.

¿Y lo de cenar como un mendigo? Tomar una cena copiosa justo antes de irse a la cama puede dificultar la llegada del sueño. De ahí lo de sugerir que la cena sea más suave y, a ser posible, un par de horas antes de meternos en la cama.

PAN Y VINO, SE ANDA EL CAMINO

Imagínate en tiempos de don Quijote. Te tienes que echar a los caminos para ir de una ciudad a otra, a pie, con tu carreta o a caballo. No hay áreas de servicio, ni comida enlatada. Te echas al zurrón un mendrugo de pan y la bota de vino y carretera y manta. Por el camino ya encontrarás algún riachuelo, arroyo o fuente en la que beber. No hay objeciones, señoría.

En nuestros tiempos, las cosas cambian. Si vas a hacer un viaje una buena opción para matar el gusanillo es llevar fruta. Es fácil de comer, aporta agua y no da pesadez de estómago ni somnolencia, vital si eres tú el que va al volante. «Llevar pan tampoco sería un problema, a fin de cuentas, son hidratos de carbono que aportan energía. Ahora, lo del vino, no. De entrada, porque como el resto de las bebidas alcohólicas, acelera la deshidratación», explica Andrea de Sanus Vitae. Además, las bebidas etílicas interfieren en la actividad del sistema nervioso central comprometiendo las capacidades motoras, la coordinación, el equilibrio y la toma de decisiones.

¿Por qué sube más el alcohol en un avión?

En un avión en vuelo, la presión en cabina es inferior a la que hay en tierra firme. También hay mucha menos humedad en el aire (por eso se nos reseca la piel y hasta las fosas nasales). En estas circunstancias, con menos presión y menos humedad relativa, nuestra sangre lleva menos agua y menos oxígeno. Al llegar el alcohol al torrente sanguíneo, la concentración etílica será mayor que si bebieras esa misma copa en tu bar favorito o en tu propia casa. De ahí, que los síntomas de embriaguez aparezcan mucho antes y de forma más intensa.

Es una de las razones que explica los incidentes a bordo de un avión con famosos, desde Melendi a Oasis. La cosa suele empezar pidiendo bebidas alcohólicas a las azafatas, que no son ni una ni dos, hasta que se les va de las manos. Al final, acaban montando un tremendo alboroto ante la sorpresa (y terror) del resto de pasajeros. Ojo, que digo explicación, que no justificación, que ser un maleducado, grosero o violento no tiene ninguna justificación. Y, mucho menos, en un avión, porque hay personas con miedo a volar que pueden sentirse muy asustadas ante esa situación.

LECHE Y MIEL SON BUENÍSIMOS ALIMENTOS PARA LOS NIÑOS

Hay un refrán que dice «leche y miel, hacen al niño doncel». Volvamos a la época de don Quijote. O siglos atrás. En aquellos tiempos llenar la panza no era tan simple como bajar al súper y comprar algo para merendar. No había neveras donde guardar los alimentos durante días, las guerras arruinaban cosechas y la capacidad de conservar los alimentos durante muchas semanas era escasa. Morir de hambre era normal.

Poder dar leche a los niños era garantía de que no morirían de hambre y podrían crecer con normalidad. Ahora sabemos que la leche es un excelente alimento porque aporta proteínas y calcio. Antes no llegaban a tanto, pero era de cajón: niño que bebía leche, niño que crecía sano.

Lo de la miel es harina de otro costal (y abriendo este melón me voy a ganar muchas enemistades). En cada 100 gramos de miel tenemos 82 gramos de azúcar. ¿Pero azúcar, azúcar? Sí, azúcar como el de casa. El resto de la composición es agua y una pequeña parte de minerales y antioxidantes, que son los que le dan su fama 'curativa' y de alimento saludable. Pero lo que lleva es, sobre todo, azúcar y sus efectos metabólicos en el cuerpo son similares a los del azúcar. Es decir, produce un aumento de la glucosa en sangre parecido al azúcar y un pico de insulina similar. La Organización Mundial de la Salud mete a la miel en el saco de los azúcares libres.

¿Queremos decir con esto que la miel es mala? ¡En absoluto! Solo que es un alimento que hay que tomar de forma excepcional. Pero cuando la tomes, ¡disfrútala porque está riquísima!

La miel, ¿cura el resfriado?

El resfriado común o catarro lo causa un virus que se cuela en las vías respiratorias y nos tiene unos días fastidiados. No se cura con antibióticos, que sirven para aniquilar a las bacterias, pero a los virus no les afectan. El tratamiento habitual es paliar los síntomas: beber muchos líquidos para hidratar y calmar la garganta, en especial, si están calientes y, a lo sumo, tomar algo para detener el lagrimeo y el moqueo. El resto es tarea de nuestro sistema inmunitario. No hay más tu tía: cuidarse y esperar cinco días, o una semana, a que se pase.

¿La miel cura el catarro? No ¿Lo previene? Tampoco. ¿Alivia al menos el dolor de garganta? Aquí sí que hay un poco de razón, ya que reduce el reflejo de la tos en caso de ser seca y de carácter irritativo, si bien el mecanismo por el cual afecta a este reflejo no es bien conocido. Esta es la razón por la que desde la noche de los tiempos las madres han dado leche caliente con miel a los niños con la garganta irritada, aunque está muy lejos de poder considerar que 'cura' el catarro.

ENCIMA DE LA LECHE NADA ECHES

Esta sí que es buena: es ese terror ancestral de las madres a que te dé un parraque si, después de beber un vaso de leche, te da por comer algo más. En especial, si es fruta. Que por esa regla de tres todos los que asaltan el bufet del desayuno del hotel y mezclan fruta con el cortado deberían estar muertos, moribundos o diezmados. Obviamente, no es así.

¿A son de qué entonces ese pavor a acompañar la leche? El origen está en la falsa creencia de que la leche se corta en el estómago o que la fruta corta la leche. Pero ninguna de estas dos afirmaciones se sostiene a nivel fisiológico: el pH del estómago es muy ácido y se mantiene ácido aún lleno de alimento. Si quieres, puedes mezclar alimentos que tu estómago ni se va a inmutar. Otra cosa es que tengas cierto nivel de intolerancia a la leche, algo que afecta a la tercera parte de los adultos. En este caso, es posible que un trago de leche te pueda provocar pesadez, hinchazón o acidez. Pero la culpa no es de la naranja o cualquiera que sea el alimento con el que acompañes a ese vaso de leche.

LA NARANJA EN LA MAÑANA ES ORO, EN LA TARDE PLATA Y EN LA NOCHE MATA

Como es de esperar en un país donde producimos y tomamos muchas naranjas, este cítrico se cuela en el saber popular, para bien y para mal. Según este refrán, a medida que avanzan las horas del día, la naranja pasa de ser un alimento nutricionalmente valiosísimo a convertirse en puro veneno. ¿Tan malo es tomar fruta en la cena? ¡Para nada! Los alimentos son lo que son, independientemente de la hora de su consumo. ¡Que son naranjas, no *gremlins!*

Ahora bien, la naranja es una fruta ácida. Si una persona sufre de reflujo, gastritis o hernia de hiato, puede experimentar más síntomas si la consume en la cena. En ese caso, es mejor cambiar la pieza de naranja por un plátano o una pera. ¿Y la fibra? ¿Podría complicar la digestión y causarnos insomnio si nos vamos a la cama nada más cenar? Cierto que la naranja tiene un alto contenido en fibra (2 g por cada 100 g de porción comestible, unos 1,8 g por cada pieza). Y sabemos que la fibra ralentiza la digestión. Pero se trata de una naranja, no de un cocido con todos sus complementos. La naranja puede sumar algunos minutos a la digestión, pero no como para que te tengas que ver la película *Titanic* entera antes de irte a la cama.

Media hora para cepillar los dientes después de comer naranja
La naranja es un alimento ácido y altera temporalmente el pH de la boca y lo acidifica. Este proceso no dura eternamente, ya que, pasados unos minutos, la saliva retoma su pH normal (en torno a 7). Pero mientras está más ácido, si pasamos el cepillo, podemos dañar el esmalte dental. Por eso los odontólogos suelen recomendar esperar para cepillarse los dientes unos treinta minutos que, por otro lado, es lo que vamos a tardar en recoger la cocina.

UN ZUMO DE LIMÓN EN AYUNAS ADELGAZA

Cada cierto tiempo aparece un artículo donde la famosa de turno achaca su tipazo a que cada mañana se bebe un zumo de limón en ayunas y no a los tratamientos estéticos y horas de gimnasio que le dedica. No me canso de repetirlo: no está demostrado que el zumo de limón tenga propiedades adelgazantes intrínsecas: ni en ayunas ni con el estómago lleno.

Si te lo quieres tomar porque te entona el cuerpo de buena mañana, genial. Que lo prefieres templado porque te hace sentir mejor, estupendo. Pero no le atribuyamos a un alimento propiedades que no tiene.

LA FRUTA EN LAS COMIDAS ENGORDA

Hay que ver lo buena que es la fruta y la de mitos absurdos que nos inventamos alrededor de ella. Lo he dicho ya varias veces, pero no está de más repetirlo. La cantidad de calorías, vitaminas y nutrientes de los alimentos es independiente del momento de su consumo. Da igual que te tomes la manzana a media mañana, entre el primer y el segundo plato, en el postre, troceada o en puré. Su aportación nutricional va a ser siempre la misma.

La única ventaja de tomarla entre dos comidas —cuando entra el gusanillo— es que desplaza a otros alimentos y así evitamos recurrir a *snacks* o dulces más calóricos. Además, llegaremos a la siguiente comida con menos hambre, y prevenimos así los posibles atracones.

EL PAN ENGORDA

Siempre digo a mis pacientes que lo que engorda, más que el propio pan, es lo que metes en medio del pan. O la salsa en la que lo mojas. Todos los alimentos nos aportan en mayor o menor medida energía en forma de calorías. El pan se encuentra entre los alimentos con un contenido calórico medio (261 kcal/100 g). Un panecillo —integral o no— aporta unas 80 calorías, hidratos de carbono, vitaminas del grupo B y 8 gramos de fibra por cada 100 gramos de pan, siempre que sea integral. Según su composición, aportará más o menos sal.

Lo ideal es usar el pan para acompañar las comidas, para 'empujar', y sin excedernos de la ración recomendada (1 ración = 2 rebanadas = 40 g = 104 kcal). Claro que, si nos bajamos una barra de pan entera pringando en una salsa o en un bocata de salchichón, el pan engorda muchísimo. Pero lo que engorda es el conjunto de la comida, no culpemos al pobre pan.

La miga no engorda más

La de veces que he visto a personas horadando un chusco de pan para retirar la miga con la excusa de que «es que engorda más». En realidad, si nos ponemos rigurosos y nos centramos en la propia densidad del alimento, lo que engorda más es la corteza (más densa), que la miga (con más aire).

Otro mito similar es pasarse al pan tostado. Y esto sí es un error: este tipo de panes llevan grasas para dar esa textura crujiente y ligera. Lo mismo con los colines, que llevan una importante cantidad de aceite. Por tanto, desde el punto de vista de si engordan, hay que reconocer que engordan bastante más.

Si haces mucho deporte puedes comer de todo

De todo, sí, pero con cabeza. Hay una frase que me dijo un entrenador que se me grabó a fuego en la memoria: «Si comes como un cerdo y entrenas mucho, serás un cerdo entrenado». Se refería a esas personas que hacen mucho deporte, pero no cuidan nada lo que comen porque creen que haciendo deporte se quema todo.

Y sí, en efecto, se queman las calorías, pero los alimentos no son solo calorías. También aportan nutrientes necesarios para nuestro organismo: proteínas para reparar los músculos, vitaminas y minerales que intervienen en distintos procesos metabólicos... Hasta las grasas cumplen su función como fuente de energía, amén de otras funciones, como protectores cardiovasculares en el caso de los famosos omega 3.

No es lo mismo merendar un plátano, una macedonia de frutas o una tortilla a la francesa con un trozo de pan que un bocadillo de panceta o una caja de donuts, por muy ricos que estén. Como siempre digo, no pasa nada por tomarlo un día de forma excepcional, pero una alimentación poco saludable tendrá consecuencias sobre nuestra salud difícilmente compensables con la práctica de ejercicio físico. Ya no hablamos de calorías, sino de salud. Mientras la fruta nos aporta vitaminas y fibra y la tortilla, proteínas de calidad e hidratos de carbono (si lleva pan), la bollería industrial es una bomba de azúcares refinados y grasas no saludables, y la panceta aporta grasas saturadas en una cantidad superior a la deseable.

¿Que al hacer deporte quemamos más calorías? Sí. ¿Que eso está bien para perder peso? Sí. ¿Qué hacer deporte nos da manga ancha para guarrear con la comida de forma habitual? En absoluto. A ver si lo que estamos construyendo con un hábito saludable lo vamos a tirar por la borda comiendo después. Como siempre, y este es mi mantra, en el término medio se haya la virtud. No pasa nada por darnos un homenaje, pero que sea un día y no los siete días de la semana.

¿Se puede hacer mucho deporte y engordar?

Definitivamente, sí. De hecho, ese es el error de muchos principiantes en el deporte. Tendemos a sobrevalorar las calorías que quemamos en el gimnasio y quitamos importancia a las que comemos. Muchos gimnasios promocionan sus clases con reclamos como: «Quema 1 000 calorías por clase». Pero es solo una verdad a medias. Puede que el 'machaca' de la clase de *spinning*, que es alto, joven, tiene mucha masa muscular y lo da todo en la clase, queme esas mil calorías. Si eres mujer, de mediana edad, mides 1,59 y apenas puedes seguir el ritmo de la clase, es posible que no quemes más allá de 350. Si, después de entrenar, ambos os tomáis una palmera de chocolate de 500 calorías, adivina a quién le va a engordar.

Conclusión: elige bien las fuentes de información

En una época como la que vivimos, donde los clics son moneda de cambio y los titulares alarmistas inundan los medios de comunicación, resulta clave elegir fuentes de confianza donde poder informarse adecuadamente sobre cuestiones científicas. Mucho más en un ámbito tan cambiante como es la nutrición. ¿Es malo? ¡Para nada! Tendemos a pensar que la nutrición (o la medicina) es una ciencia exacta como las matemáticas, cuando es algo vivo, que avanza cada día a medida que mejoran los métodos de investigación o se incorporan nuevas hipótesis de trabajo.

Vale, ¿entonces qué y a quién puedo creer? Mi consejo como profesional de la nutrición es que nunca confíes ciegamente en lo que lees. Pregúntate quién dice cada cosa, dónde se avala esa teoría, contrasta las fuentes bibliográficas de cualquier artículo que leas, tanto en prensa como en Internet. ¡Por supuesto, te invitamos a hacer lo mismo con los datos que has podido leer en este artículo!

Es la única forma de poder formar un pensamiento crítico que te ayude a discernir informaciones útiles de aquellas que buscan distraernos de lo verdaderamente importante, o que simplemente están ahí para hacer hueco sin aportar nada relevante.

Este libro se terminó de imprimir en el mes de marzo de 2022
en QP Quality Print Gestión y Producción Gráfica, S. L.
Molins de Rei (Barcelona).